山の神

易・五行と日本の原始蛇信仰

吉野裕子

講談社学術文庫

はじめに

日本の古い社の祭神の起源、原像を探ると、伊勢神宮、賀茂《かも》、稲荷《いなり》、諏訪《すわ》等の大社をはじめ、ほとんどの場合、その行きつく先にあるものは祖霊《それい》としての蛇神《へびがみ》である。しかもそのような古社のその後の祭祀《さいし》状況をみると、一転してそれらはいずれも古代中国の哲学・思想である易《えき》・五行《ごぎよう》の理、或いは道教の教理に則《のつと》って行われている。

そうしてこの蛇信仰から易・五行の法則への推移の図式は、そのまま民間レベルの俗信の神々の場合にもそっくり当てはまり、本書のテーマ、「山の神」の在《あ》り様《よう》も、この例外ではない。

日本民族の特質として今も昔も変わらないのは、目新しいものに直ちに反応を示す一方、古いものにも意外に固執することである。

六、七世紀、中国の古代哲学、宇宙観、科学でもあった易・五行が将来され、揺籃《ようらん》期の日本文化の基盤がそれらによって形成されたとき、原始蛇信仰は表面からは全くといっていいほど姿を消すが、地底を行く地下水の水脈にも似て、消滅することなく千年余の歳月を通して生き残り、今もなお、屋敷の主、池の主は蛇であり、蔵や梁《はり》の上、あるいは仏壇に蛇を見れば、人はご先祖様の出現とおそれるのである。

こうして原始蛇信仰にもとづく神々と、易・五行の法則の神霊化としての神々との共存は、日本の神々の世界をこの上なく複雑・難解なものとしているが、「山の神」はそのもっとも顕著な好例として捉《とら》えられる。

そこで原始蛇信仰にもとづく祖神としての山の神と、易・五行の法則の具象化としての山の神との二種にまず大別することが、「山の神」の推理・研究においても絶対に欠くことのできない手段・方法なのである。

しかしこのような視点は、かつて日本民俗をはじめ、他の隣接諸学にも欠落していたため、祭り・民俗における神々の混在による混沌《こんとん》は未整理のままに放置されて来た感がある。本書がその茨《いばら》を切り拓《ひら》く一つの契機となることを期待し、一人でも多くの方に読んでいただきたく切望する次第である。

目次

山の神

易・五行と日本の原始蛇信仰

序　章

一　倭建命伝承と日本古代信仰——祖霊の力と女の力

記紀に活躍する人物の中で、第十二代景行《けいこう》天皇の皇子、倭建命《やまとたけるのみこと》のように魅力のある英雄はいない。その生い立ちが高貴で若く美しく、境遇は常に悲劇に満ちていて、物語の主人公としての条件はすべて備えている。

したがってこの倭建命の物語が古典中、屈指の英雄譚《たん》として捉《とら》えられ、重点も常にそこにおかれるのは当然の成り行きであろう。

しかしこの物語の背後には、古代日本を動かしていた二つの信仰が潜められていることもまた見逃せない事実である。すなわちその一つは男に対して持つ女の力、他の一つは祖霊《それい》として人間に臨む山の神の巨大な力である。

倭建命ほどの英雄が、難事に赴く際には、必ず道を枉《ま》げて伊勢に姨《おば》の倭姫命《やまとひめのみこと》を訪ね、人間的な悩みを訴え、何彼《なにか》と贈物を受けている。第一回の勅命による西国征討の際は衣裳《いしよう》、第二回目の東国《とうごく》遠征の場合は草薙《くさなぎのつるぎ》剣と火打石の入った袋である。

倭建命はこの倭姫から贈られた衣裳を着、女に化《な》って熊曾《くまそ》を撃《う》っている。

次に相模野で敵の謀略にかかって危うく焼き殺されそうになったときには、姨の言葉を思い出し、まず剣で草を切りはらい、次に袋から火打石を取り出して、向火《むかいび》をつけて、反《かえ》って敵を滅ぼしている。

いずれの場合も倭姫親授《しんじゆ》の呪物《じゆぶつ》が、倭建命の危急を救い、その使命を果たさせている。

この姨と甥《おい》に共に「倭」の名が冠せられているのは、偶然かも知れないが、両者の間には特殊な関係が感じられる。これはオナリ、エケリの関係ではなかろうか。

古代日本には同腹の女姉妹は、その男の兄弟に対して「オナリ神」という守護神になる、という信仰があった。男の兄弟は女の姉妹に対して、「エケリ神」となるが、その霊力は、「オナリ神」よりはるかに劣るのである。

一つ家の同胞でありながら、女が男に対して守護神となるというのは、今日からみれば奇異にも感じられようが、沖縄ではこの信仰は今も残り、本土でもその痕跡《こんせき》はいろいろと見られる。

何故、女の力が男に対して、これほどの呪力《じゅりょく》となって、男の身を護《まも》ることになるのであろうか。その推理は既刊『日本古代呪術』その他において行っているので、ここにはくり返さない。

ここで述べたいのは、倭建命という英雄の最後の場面にしぼり込まれてくるものは次の二点、すなわちその第一は倭姫親授の刀剣を身に帯びず、いわばオナリ神の守護の外にあった倭建命のその致命的な「虚」を、瞬時に衝《つ》き、この英雄を死に至らしめたものは、ほかならぬ伊吹山《いぶきやま》の山の神であったということ。

このように山の神は呪力の守護をもたぬ人間を立ちどころに襲うが、第二にはその祖霊としての尊厳性の上からも、礼を欠く人間に対しては即時即刻、剋殺《こくさつ》をもってその無礼に報復し、仕返しをする、ということである。

人間の死命を制し、生殺与奪《せいさつよだつ》の力をもち、無礼を許さぬもの、それが山の神であるが、この山の神の力に拮抗《きっこう》するものが、人間の側にあってはオナリ神のもつ守護力である。

この視点に立てば倭建命の終焉《しゅうえん》の場面にみられるのは、祖霊としての山の神の力と、男性を守護するオナリ神の力、この二つの力の綱引きであると同時に、その結果なのである。

しかしここにはさらに第三の視点も求められる。つまり、オナリ神の力もさることながら、この倭姫が倭建命に親しく与えた草薙剣も元を質《ただ》せば大蛇の尾から出現した大刀、いわば大蛇のシンボルであったことである。

後述するように、この大蛇も煎《せん》じつめれば山の神であって、そのシンボルの剣を身に帯びなかったために倭建命が落命したとすれば、ここでも最終の強者、絶対的存在は山の神となる。そうしてその尊厳性と強大な生殺与奪の権は、この箇所《かしょ》のみでなく日本神話中、到《いた》るところにちりばめられているのである。

たとえばこれも後述するように（六四頁）、自身の蛇体《じゃたい》の本性を知った揚句《あげく》の愛人の態度に怒った三輪山の神は、虚空を踏んで山に帰るが、それにつづくのはその姫の死である。こうして人間の死も山の神の掌握するところであるが、その一方、山の神は人間の生命の根源としても神話の中に描かれる。

スサノヲノ命《みこと》は山の神の娘と山中に出会い、皇孫ニニギノ命も同じく山の神の美しい娘と山中に結ばれる。これらの神話は、いわず語らずのうちに生命の根源が山に在ることを示し、人間を生かすも殺すもその力は山の神の手中にあることを倦《あ》かず説いているとしか思われない。

古代日本人にとって山の神ほど重要な神はない。おそらくその重要性はひとえにその神の神格にかかわっていると思われる。

そこで再び倭建命伝承に戻ってみると、意外なことにこの山の神の神格が、『古事記』と『日本書紀』とでは違っていて、前者では山の神は「白猪《しろい》」、後者では「蛇」なのである。この両者の相違を何と解すべきであろうか。本書のテーマはこの神格の相違の理由の推理であって、小著の目的は山の神としての蛇と猪《いのしし》の推理につきるのである。

そこで長くなるが、両書の同じ場面の引用により、その相違を現実にみることにしたい。

二　山の神の神格

1　『日本書紀』にみられる山の神

「日本武尊《やまとたけるのみこと》、また尾張に還《かへ》りて、尾張氏の女《むすめ》、宮簀《みやず》姫《ひめ》に娶《あ》ひて、とどまりて月を踰《こ》えたまふ。ここに近江の伊吹山に荒ぶる神ありときかして、劒を解きて宮簀姫の家に置かして、徒《ただ》に行き、伊吹山に至りたまひしに、山の神、大蛇《をろち》に化《な》りて道に当りき。ここに日本武尊、主神の蛇に化れることを知らしめさずして、おもほしめさく、『この大蛇は、かならず荒ぶる神の使ひならむ。既に主神を殺《と》ることを得ては、その使は豈求《あにま》ぐに足らめや』とのりたまひて、因《よ》りて蛇を跨《またこ》えて行きたまふ。時に山の神、雲をおこし氷零《ひふ》らしめ、峯霧《みねき》り谷くらくして、また行くべき路なく、しじまひてそのふまむ所を知らず。然《しか》れども霧を凌ぎ、強ひて行き、方《まさ》に僅かに出づることを得しかども、なほ失意《こころまど》ひて酔へるが如くなりき。……」

（『日本書紀』巻七、景行天皇条）

2 『古事記』にみられる山の神

「故《かれ》ここに御合《みあひ》したまひて、その御刀《みはかし》の草那芸劔《くさなぎのつるぎ》を、その美夜受比売《みやずひめ》の許に置きて、伊吹の山の神を取りにいでましき。ここに詔《の》り給ひしく、『この山の神は、徒手《むなで》に直《ただ》に取りてむ』とのりたまひて、その山にのぼりましし時、白猪《しろゐ》、山の辺に逢へり。その大きさ牛の如くなりき。ここに言挙《ことあ》げして詔《の》りたまひしく、『この白猪に化《な》れるは、その神の使者《つかひ》ぞ。今殺さずとも、還《かへ》らむ時に殺さむ』とのり給ひてのぼりましき。ここに大氷雨《おほひさめ》をふらして、倭建命を打ち惑《まど》はしき。（この白猪に化れるは、その神の使者に非ずて、その神の正身《さうじみ》に当りしを、言挙《ことあげ》によりて惑《まど》はさえつるなり。）

故《かれ》、還り下りまして、玉倉部の清泉《しみづ》に到りて息《いこ》ひましし時、御心ややさめましき。」

（『古事記』中巻）

三　山の神の分類

蛇と猪

伊吹山の神を取り抑えに山に入った倭建命は大蛇に化した山の神をそれとは知らずやり過ごして、この神の降らす氷雨《ひさめ》と霧に捲《ま》かれ、伊勢の鈴鹿《すずか》に薨《こう》じた、と『書紀』は記す。

この同じ場面の描写にもかかわらず、『古事記』は伊吹山のこの山の神を、牛ほどもある巨大な白猪と述べている。

大蛇に化した、とはいうものの、それは山の神は蛇、であるという従前からの信仰があればこその話で、唐突に蛇が持ち出されるはずはなく、要するに山の神は蛇なのである。

一方、巨大な白猪を山の神の化身とする『古事記』も事情は同じで、山の神を猪とする考えが、すでにそのころあったからである。

つまりこの二つの記事における蛇と猪は、当時、山の神の神格に二つの見方があって、その相違が古典の双璧《そうへき》たる両書の中に、はからずも現れたとみるべきであろう。

いずれにせよ、同一人物が、同一場面で、山の神という同一の対象に出会いながら、その山の神の神格が、蛇と猪の二つに分かれていることは注目すべきである。そこにはそれなりの理由があるはずで、その推理が山に対する古代日本人の意識、信仰の解明につながり、ひいては産に関《かか》わる習俗の理解ともなるのである。

そこで私は、従来、漠然としていて、分類されることのなかった山の神を、『記紀』の記述に基づいて、まず「蛇」と「猪」に分類する。この分類こそ多くの謎《なぞ》に包まれた山の神研究の起点であって、これまでの研究が多くの場合、資料の蒐《しゅう》集《しゅう》に終わり、理論がつかめなかったのは、この分類という起点を欠いていたためである。

蛇と猪というこの相違は、不知不識のうちに『記紀』が後代の人々のために発している信号であって、この解読こそが現在、もっとも焦眉《しょうび》の急《きゅう》を要する課題の一つとさえ私には思われる。

『紀』には山の神は蛇、『記』には猪となっているのは、どちらかがより古い信仰であることを示すものである。

日本の縄文中期の土器土偶には蛇の造型が顕著であって、彼らの蛇によせる信仰の情熱には今日の私どもさえ圧倒される思いがするが、この蛇の造型に対抗するほどの猪の造型は、古代から現代に至るまで日本においてはほとんどみられず、皆無に近い状態である。そこで、山の神信仰における蛇と猪とでは、まず蛇の方をより古いとみるのが当然なので、山の神の神格を蛇と猪に分け、今、ここに推理するに当たっても、その第一章を蛇、第二章を猪とするわけである。

第一章　蛇と山の神

※本書では、酸漿のかな表記を「ホウヅキ」とした。

一　世界の原始蛇信仰

蛇信仰は一説によればエジプトにおこって世界各地に及び、東はインド、極東、太平洋諸島を経て、アメリカに達したといわれ、西はアフリカ、ギリシアから、ヨーロッパに至ったとされる。この伝播《でんぱ》の道程のなかに日本列島も含まれるから、日本に蛇信仰が顕著なのは当然のことなのである。

蛇が世界各原始民族によって崇拝されたのは、蛇が祖霊・祖先神とみなされたからである。

原始民族によって蛇が祖霊・祖先神として信仰された理由は数多くあるが、そのもっとも根源的、かつ基本的要因は、次の三点に帰せられる。

(1)　外形が男根相似
(2)　脱皮による生命の更新
(3)　一撃にして敵を倒す毒の強さ

このような蛇の生態にみられる三つの特徴を敷衍《ふえん》すれば、次のようにも表現することができる。つまり、

(1)　生命の源としての種の保持者
(2)　永遠の生命体
(3)　無敵の強さ

蛇の特質はこのように要約されるが、それらに対する尊崇《そんすう》が、ついに蛇を祖霊にまで崇《あが》めていった要因と推測される。

そこで各民族における蛇信仰の実際を簡単ではあるが彼らが古くから遺《のこ》している造型・デザインの面から探ってみたい。

まずエジプトでは毒蛇コブラの信仰が顕著である。コブラは「太陽」「火」のシンボルとされ、その造型は太陽神や歴代の王たちの冠、および額の装飾となっている。

次にこれは私の推測であるが、エジプトのミイラもこのコブラの造型であって、頭

から足先まで麻布によって固く巻かれた様子は蛇の姿態そっくりである。おそらくこれは死者を祖先神の蛇に変身させる呪術であって、これこそ死者再生へのこの上ない呪術と信じられていたに相違ない。

インドにおいても同様にこのコブラの神霊化、「ナーガ」の信仰が著しい。創造神ヴィシュヌさえ、原初の海の真ん中でナーガの背にもたれて休息をとる。ナーガこそ宇宙エネルギーの象徴で、七・九・十一から一千の頭をもつとされ、ヴィシュヌの庇《ひ》護《ご》者なのである。

ナーガ信仰は仏教にも影響を与え、タイのクメール・スコータイ仏教遺蹟の仏像の光背にもナーガは見られ、掌《てのひら》をひろげたような七つの頭のナーガが、如来《にょらい》をその背後から守護している形である。私見によれば、十一面観音の頭部の仏像も、その原型はおそらくナーガである。その十一はナーガに関係のふかい数であると同時に、その形もナーガを思わせるのである。

タイの王宮の階段の手すりにも梁《はり》の上にも七つの頭をもつ蛇神ナーガの彫刻がみられ、屋根を飾るのもまた天から降るナーガである。

メキシコの名高い蛇神は、ケツァルコアトル、マヤ語でいうククルカンである。アステカ族によれば鷲《わし》は太陽、蛇は大地の精であるから、羽をもつククルカンは天地を統《す》べる至高の神である。

中国の祖先神は、伏羲《ふくき》と女媧《じょか》の人面蛇身の夫婦神である。蛇の出現は吉兆で、古代には人間の蛇への変身、または蛇の人間への変身が信じられていた。

台湾では原住民の高砂《たかさご》族に蛇信仰がみられ、毒蛇の「百歩蛇《ひゃっぽだ》」が信仰の対象である。その名のとおり、一たび咬《か》まれると百歩行かぬうちに死ぬという毒蛇で、その強さ故にこそ、頭目家《とうもくけ》（首長）の祖先として崇《あが》められるに至ったのである。したがって百歩蛇の造型・デザインを使用できるのは、頭目家の一族に限られ、平民は百歩蛇の図柄の衣裳を身にまとうことは許されなかった。

百歩蛇の衣裳の着用は、着用者自身が蛇と化《な》ること、すなわち百歩蛇の子孫としての位置づけを意味し、その着用を頭目家一族に限定することは、村人らに対するその家系の尊貴性の露《あら》わなる誇示であって、要するにこの禁忌《タブー》は、祖先神としての百歩蛇への異常なまでの信仰心をうかがわせるに足るものである（第1図）。

第１図　台湾パイワン族の衣裳に見られる百歩蛇のデザイン

以上、世界の蛇信仰のきわめて簡略な概観であるが、終わりに日本の蛇信仰に触れて、この小論のしめくくりとしたい。

二　日本の原始蛇信仰

冒頭で述べたように、日本列島は世界的な原始蛇信仰の伝播《でんぱ》の途上に位置するから、日本に蛇信仰の痕跡《こんせき》が濃厚にみられるのは当然過ぎるほど当然である。しかも日本蛇信仰における蛇は、世界各原始蛇信仰にみられたと同様に祖先神としての蛇であって、それは従来、日本民俗学その他で定説となっている単なる「水の神」というような低次元の神ではない。私見によれば、蛇は絶対に祖霊であり、祖先神である。それは日本神話・伝承・民俗を丹念に追ううちに初めて洗い出されてくるものでもあって、蛇信仰の跡は蛇そのものの動きにも似て、複雑にして変幻きわまりないのである。

日本の縄文中期土器は生々《なまなま》しく活気に満ちた蛇の造型でみち溢《あふ》れ、とりわけ土偶《どぐう》の女性神の頭部には、マムシそのものが捲きつけられている（第2図）。このような造型の背後に潜むのは強烈な祖神《おやがみ》としての蛇の信仰であって、その思いの根源にあるも

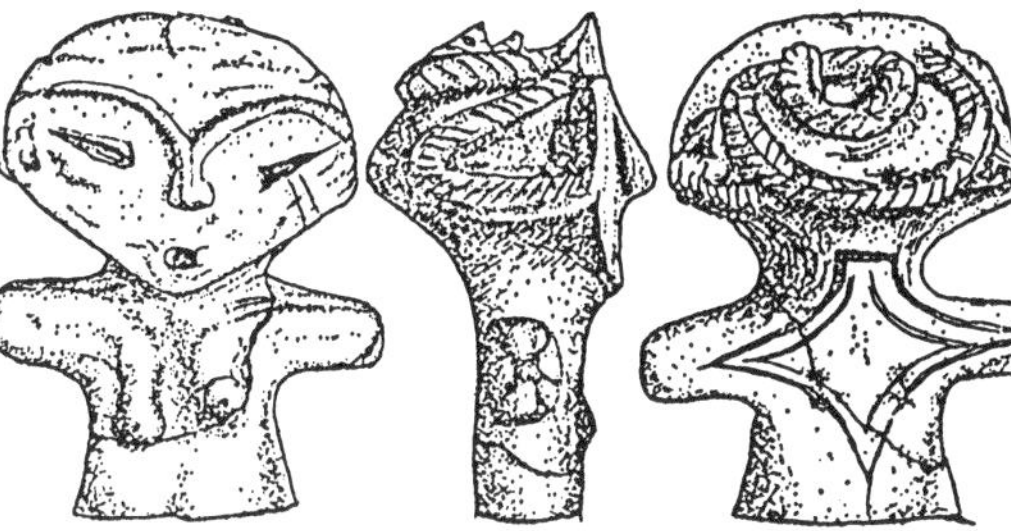

第２図　頭上にマムシを載せた土偶　長野県藤内16号住居址発見，縄文中期前半（宮坂光昭『蛇体と石棒の信仰』より転写）

のは先に挙げた蛇の生態に由来する「外形が男根に相似」「脱皮による生命の更新」「一撃のもとに敵を倒す猛毒」等、祖神としての条件の具備ということになろう。彼らにとってそれらの条件を満たすものは蛇を措《お》いてほかにはなかったのである。

ついで稲作を列島にひろめた弥生人による土器には、躍動する蛇の造型はここにはすでにみられない。しかし先に挙げた理由によって祖先神にまで崇《たか》められた蛇が、弥生時代になって急にその信仰対象から外《はず》されたとは到底思われない。むしろ蛇は祖先神としてのその神格を維持しつつ、その霊力を多様化して、時にはより一層、強烈な信仰の対象とされ、あるいは別途に新たな神格さえ付与されるに至ったのである。

その「霊力の多様化」とは、蛇に相似のものを祖神に見立てる「見立ての信仰」によるものであり、「新たな神格の付与」とは、蛇を「田の神・稲の神・倉の神」として信仰する結果、生じたものである。

つまり縄文人と弥生人との知性の差が、同じ蛇信仰でありながら、その間に差違を生ずる結果を生むことになったので、前者を直接的とすれば後者は間接的といえよう。

三　見立ての信仰

弥生時代、蛇はすでに土器に造型されるということはなくなったが、それは信仰の衰退を示すものではない。先にもいったように、むしろそれはその本質が一層、多様化し拡大されたことの一つの証《あか》しでさえあった。

つまり土器によるその造型などという限定のワクから、信仰はより一層、自由闊達《かったつ》な世界にはみ出していったのである。

そのはみ出していった信仰の拡大を示すものが、祖神の蛇に見立てられた山や樹木の信仰であり、あるいは家屋の神聖視である。

稲作とともに渡来した弥生人は、おそらくそれ以前、中国江南地方においてすでに相当の文化をもっていたに相違ない。その中には彼ら独自の蛇信仰もあったはずで、同じ蛇信仰といっても、弥生人の場合は、蛇を連想させるものを現実の蛇以上に信仰し、蛇に準《なぞら》えられるもののなかに、時には現実の蛇にまさる蛇を感じるほどのセンスをもつ人々であった。

優雅・繊細で、連想力の豊かな、擬《もど》き好きの彼らの信仰対象は山・樹木・蔓草《つるくさ》をはじめ種々様々の人工物に拡大していったが、その経緯については次に個別に考察したい。

第３図　「甑立て」に整えられる「竜蛇様」（上田常一『出雲大社』より転写）

1　山を蛇に見立てること

波状・渦巻きなど、蛇の姿態は数多いが、古代日本人がそれらの中で、最も正式な姿として感得したものは、蛇が自分の体の上に、二重三重にさらにその体を重ねる所謂《いわゆる》、トグロを巻く姿勢であった。

それは古代の炊飯器、甑《こしき》を倒立させた形なので、日本の祭りの主役として据えられ

第４図　巻ノ内あたりより見た三輪山の姿

る蛇は、真正の蛇であれ、縄による造り物の蛇であれ、常に甑を逆立ちさせた「甑立て」の形に整えられる（第3図）。

秀麗な弧を描く円錐《えんすい》型の山容に、彼らは大地にズッシリと腰を据えてトグロを巻く祖神を感じたので、大和の三輪山《みわやま》をはじめとして（第４図）、日光の男体山、榛名山《はるなさん》等、全国に名のある円錐型の山々には必ずといってよいほど、蛇神話が伝承されている。

2　家屋を蛇に見立てること

山ばかりではなく、縄文から弥生時代以降にも引き継がれた円錐型竪穴《たてあな》住居にも古代日本人はトグロを巻く蛇の姿を見、その内側は蛇の胎内とみなされて、家屋もまた神聖な祭場とされたのであった。古昔《こせき》、信州諏訪の冬の神事は、藁蛇《わらへび》の前で行われたが、そのワラ蛇を納めた土室《つちむろ》は「蛇の家」と呼ばれたという。

蛇の胎内としての円錐型の仮屋《かりや》は、人の生誕に際しての産屋《うぶや》、死における喪屋《もや》、祭りに際しては祖神の顕現に必要不可欠の仮屋、クラ、グロなど、重要な祭具として、その中のあるものは引きつづき今日に及んでいる（第5図）。

話を山容に戻すと、蛇に見立てられた山の形は多くの場合、円錐型のものに限られるが、中にはウネウネとつづく山の嶺《みね》の連なり、すなわち山脈もまた蛇に見立てられた。大蛇を意味する「ヲロチ」の語源は後述するように（五一頁）ここに基づくものである。

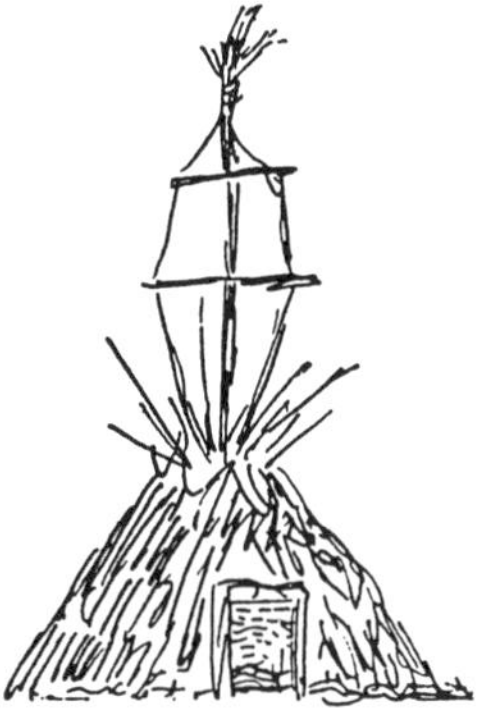

第５図　正月のカリヤ（グロ）（石田隆義『山陰の民俗と原始信仰』より転写）

３　樹木および草木を蛇に見立てること

蛇の特徴は手足がなく、頭から尾まで一本棒で、全体の形は男根相似である。そこでこの蛇に相似の樹木は神木《しんぼく》として信仰された。

その代表的な樹は、亜熱帯のシュロ科

第６図　蒲葵（アヂマサ）

の植物、蒲葵《ビロウ》である（第6図）。この蒲葵は沖縄ではクバと呼ばれ、その聖域の神木である。本土でもこの樹は、アヂマサの名で知られ、熱田神宮、その他の古絵図に神木として描かれている（第7図）。

祭りの際には、この幹は巨大で動かせないので、その葉を折り取って代用とする（第8図）。しかし増大する需要に対して、亜熱帯の植物のこの木の葉の供給は間に合わず、杉・檜《ひのき》の薄板や、後には紙でこの葉に象《かたど》ったものを作るようになる（第9図）。これが日本の扇の祖で、要するに扇は蒲葵葉の模造物であり、したがって扇の背後に潜む呪力は祖神としての蛇のそれである（三七頁第2表　蒲葵と扇その他一覧表）。

扇が出雲地方の古い神社のご神体となり、あるいは扇が祭りの主役を演じ、ご神紋ともなるのはひとえにその陰に濃厚な蛇がかくされているからである。以上の推理は拙著『扇』の主題なので、ご参照いただければ幸いである。

そのほか、朴《ほう（ほお）》の木、藤、梛《なぎ》、等の樹木、あるいは蔓《つる》植物、ホウヅキ等、蛇に見立てられている植物の多さは驚くばかりである。
次頁の第1表に掲げたのはその一覧表である。

第７図　熱田神宮社頭図

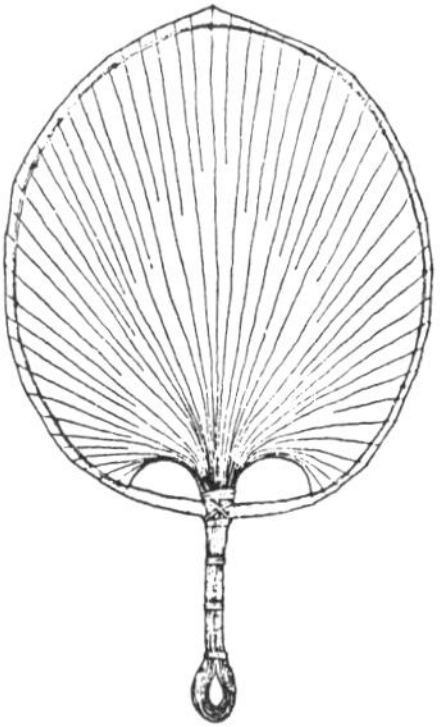
第８図　蒲葵扇

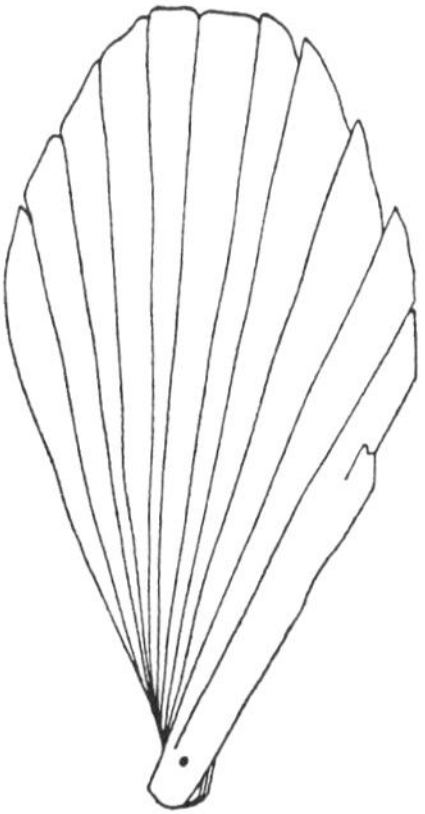
第９図　平城宮址出土の檜扇の模写

- 蛇
  - 静態（男根状）
    - 蒲葵・棕櫚《しゅろ》・檳榔《びんろう》
    - 梛《なぎ》（竹柏）・黄心樹《おがたま》・朴の木
    - 竹・松・杉・檜等
  - 動態（蛇行状）
    - 藤・籐等
    - 蔓植物類
  - 蛇の頭相似
    - ほうづき実《み》莢《さや》
  - 特殊例
    - 梶（解字法による）

第１表
蛇に見立てられた植物一覧表

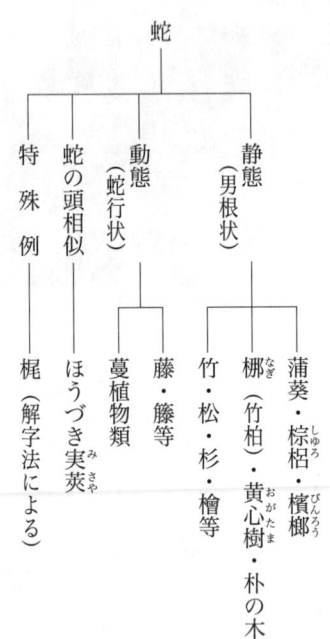

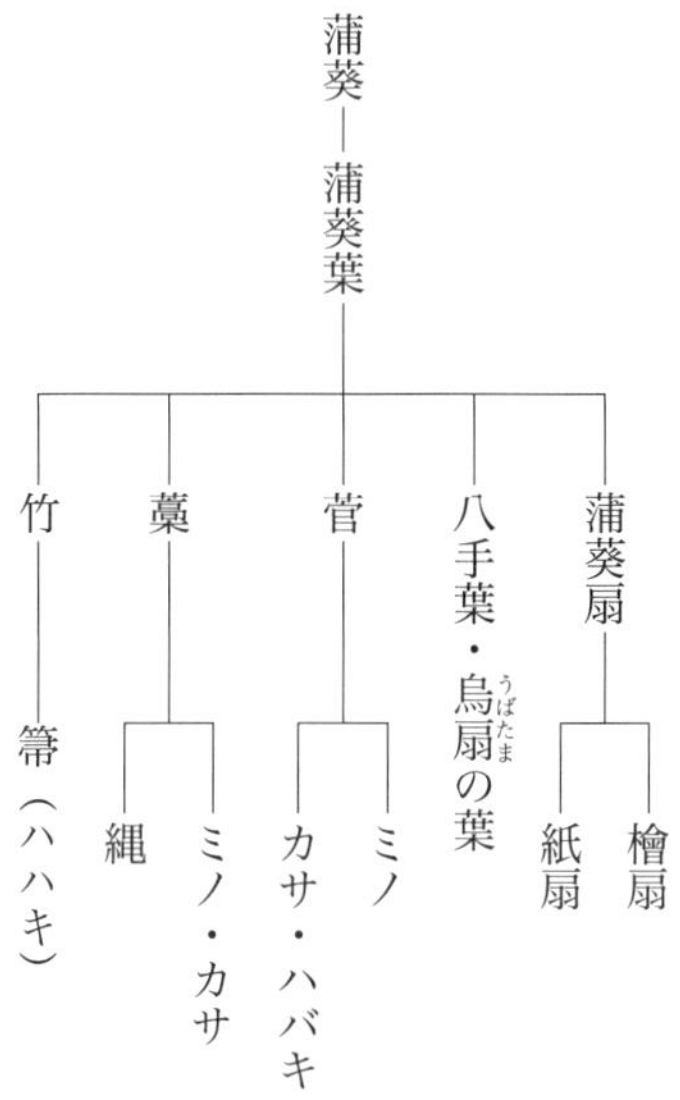

第２表
蒲葵と扇・ミノ・カサ・縄・箒一覧表
蛇象徴の植物群の中では蒲葵が抜群に神聖視され，その蒲葵葉の代用が扇となり，蒲葵葉繊維の代用品が菅・藁であって，それからできた加工品のミノ・カサ・縄も祖霊の蛇の象徴となる

四　蛇の古名

1　「ハハ」と「カカ」

『古語拾遺』（八〇七年）に、「古語に大蛇を羽羽《ハハ》といふ」とみえ、一方、『和名抄』には「蟒蛇《ウハバミ》」を「夜万加加智《ヤマカカチ》」と訓《よ》んでいる。この場合、「チ」は霊格を表す語なので、これを外せば、「カカ」が残る。つまりカカもハハも共に大蛇の名で、KとHの子音転換によって、カカからハハになったと思われる。

しかし現在も青大将を「山カガシ」とか「山カカ」といい、蛇を「カガチ」ともいうので、カカは実は死語ではない。

次に掲げる「カカ・ハハ一覧表」（次頁第3表）は、蛇そのものを意味するハハ・カカであることはもちろん、蛇に見立てられたもの（自然・人工を含む）の表示でもある。

そのうち山名（カカヤマ・ハヤマ）および、カカシ・ホウキ等は山の神に深く関わるので、ことに重要である。

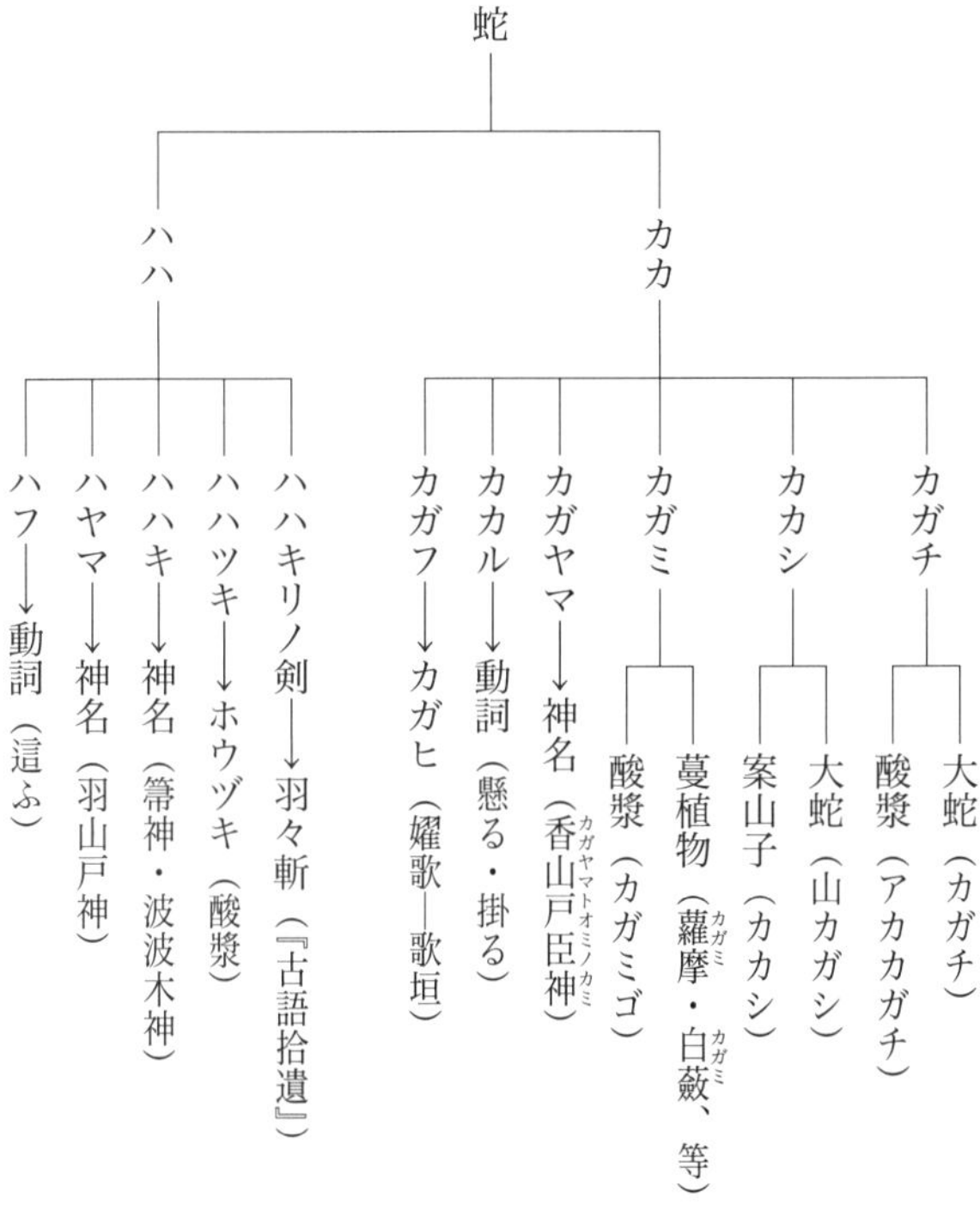
蛇
ハハ
カカ
ハハキリノ剣→羽々斬（『古語拾遺』）
ハハツキ→ホウヅキ（酸漿）
ハハキ→神名（箒神・波波木神）
ハヤマ→神名（羽山戸神）
ハフ→動詞（這ふ）
カガチ
大蛇（カガチ）
酸漿（アカカガチ）
カカシ
大蛇（山カガシ）
案山子（カカシ）
カガミ
蔓植物（蘿摩《カガミ》・白蘞《カガミ》、等）
酸漿（カガミゴ）
カガヤマ→神名（香山戸臣神《カガヤマトオミノカミ》）
カカル→動詞（懸る・掛る）
カガフ→カガヒ（嬥歌―歌垣）

第3表　カカ・ハハ一覧表

2 「神《カミ》」の原意

さらにカカ、ハハは共に「カ」「ハ」の畳語《じょうご》であって、原語は「カ」「ハ」と推測される。

「カ」を蛇のもっとも古い言葉とすれば、「神《カミ》」もまた蛇そのものを指す言葉ではなかろうか。

「神《カミ》」の古形は「カム」(『岩波古語辞典』)

「身《ミ》」の古形は「ム」

それならば、神とは、

●蛇身《カム》=蛇身《カミ》=神

という推理も可能である。前述のように蛇が古代日本人にとって至高最貴の祖先神であるならば、蛇身《カム》即神《カミ》であっても少しも不思議ではない。

もし蛇が祖神でないならば、何故今日もなお日本人は全国各地において、祭りごとに藁縄で蛇の形をつくり、これを祭りの場に据え、あるいは担ぎ廻《まわ》るのだろうか。

日本の祭りとは一年の折目節目に神を人間界に迎え、あたかも生身の人に対するかのようにこの神に食物を捧げ、神衣を供して鄭重《ていちょう》に祀《まつ》ることである。擬《もど》き好きの日本人にとって神は抽象的観念的のものではなく、この目に見える姿形であってほしいのである。それ故に藁による蛇の造型となるが、祭る対象が蛇ならば、その祭具も蛇のはずである。

3　祭具「カカソ」

『古事記』によれば神武天皇の后《きさき》イスケヨリ姫は、「美和の大物主神《おおものぬしのかみ》の子ゆえ、神の御子《みこ》である」ということになっている。三輪山の神は名だたる蛇神であって、同様の表現は大田田根子《おおたたねこ》の出自においても用いられている。蛇の子孫をことさら神の子という以上、神すなわち蛇と解され、その神の顕現、影向《ようごう》を願う祭りにおいて、神への至上の手向《たむけ》は当然、その蛇身を象《かたど》るものとなる。

　ところで古来、神への手向の筆頭は長い繊維の「木綿幣《ゆうしで》」である。この原料は楮《こうぞ》、原名は「カカソ」、つまり「蛇麻《カカソ》」であって、日本の祭りは蛇に終始するのである。

4　穀物神「ウカ」

　以上が縄文から弥生、さらにそれからはるか後代に及ぶ日本蛇信仰、とりわけ、祖先神としての蛇信仰の概観であるが、一方、この蛇信仰には非常に実用的な理由によるものがある。それは蛇を野鼠《のねずみ》の天敵として尊重し、崇《あが》め、稲・田圃《たんぼ》・穀倉の守護神

として信仰するに至るもので、その結果、蛇は祖霊の神格のほかに、

- 稲の守護神
- 田の神
- 倉の神
- 穀物神

等の神格が付与される。

日本民俗学が、穀霊・穀物神を祖霊とするのは、元来、祖先神であった蛇に、新たな穀物神としての神格が付加され、祖霊と穀物神が、蛇を媒《なかだち》として結びついた結果にほかならない。本来、祖霊と穀物神の両者は別物のはずである。

稲作をはじめ、田畑の収穫に全面的に頼るようになった弥生以降の人々が、跳梁《ちょうりょう》する野鼠に手を焼いた揚句の別途の蛇信仰、それが「宇迦《ウカ》・宇賀《ウガ》」あるいは「倉稲魂神《ウカノミタマノカミ》」などと呼ばれる穀物神の信仰である。

この「ウカ・ウガ」の語源は、南方祖語「ウガル」（蛇）の転訛《てんか》といわれ、これが日本に入り、宇賀神となったとされる。

弥生以降、日本人の蛇信仰は、多極・多様化して新たに神話・祭り・民俗の中に定着し、千数百年間、列島の中にひろく深く浸透しつづけてきた。

しかし六、七世紀、急速に導入された大陸文化、すなわち易・陰陽《おんよう》五行等による一種の宗教改革の結果、この蛇信仰はいったんは表層から姿を消してしまう。

しかしそれは喪失ではなく、あくまでも消えたように見えるだけで実は地下水のように日本人の習俗・祭りの中に潜行し、シメ縄とか藁蛇《わらへび》の姿で折目節目に顕現し、現世の子孫を訪れつづけているのである。

五　日本創世神話と山の神

蛇から誕生する山の神

前掲表（三九頁第3表）にもみられるように古代日本人は自然・人工をとわず実に数多くのものを祖霊の蛇に見立てたが、自然物のうち、その最大のものは山、それも多くの場合、円錐型の山であった。したがって山に関わる神話のなかには、暗々裡《あんあんり》に多くの蛇神がかくされている。

『古事記』の万物生成神話のなかで、山の神の誕生に関するものは二つ、すなわち、風・木・山・野の順に生まれた四柱の神のなかの「大山津見神《おおやまつみのかみ》」のそれと、火神カグツチの所生《しょせい》という「八柱の山の神々」の記述である。

すでに大山津見という立派な山の神があるにもかかわらず、八柱という数多くの山の神の誕生を神話伝承者、あるいは記述者が伝え、記している意図はどこにあるのだろう。たぶんそれは山の神の神格を、より一層明確にすること、つまり山の神が蛇の所生であることの明示の必要性をかんじてのことではなかろうか。

「大山津見」もこれを「大山の《オオヤマツ》蛇《ミ》」とし、「ミ」を祖霊の蛇、ととればこの神も正しく蛇神である。

しかし、カグツチ所生の八柱の山の神々は、それよりもさらに明白に蛇の本質を備えていると思われる。

「次に生める神の名は……火之夜芸《ひのやぎ》速男神《はやをのかみ》、亦の名は火之炫毘古神《ひのかがひこのかみ》と謂ひ、亦の名は火之迦具土神《ひのかぐつちのかみ》と謂ふ。此の子を生みしに因《よ》りて、美蕃登《みほと》炙《や》かえて病み臥《こや》せり。……故、伊邪那美神は、火の神を生みしに因りて、遂に神避《かむさ》りましき。」

（『古事記』上巻）

ここでみる限り、火神カグツチの元の名はカカヒコであって、カグツチの「カグ」は「カカ」または「カガ」の転訛に過ぎない（三九頁第3表。後のカグ山は本来カガ山であった）。

前述のように「カカ」は蛇の古名であるばかりでなく現在でも「山カガシ」「カガチ」の形で残っている蛇の名称であるが、発音しにくいため、後続の音によって、「カガ」となり、「カク」「カグ」「カゴ」となり、さらに「コウ」ともなる。

この蛇神が火神となる原因はその目にある。つまり瞼《まぶた》がなく、開き放しのその目は、光熱の源として捉えられ、蛇信仰は太陽信仰に結びつき、日本の神話の中でも蛇、およびその目は光り輝くものとして捉えられた。その代表的の例は、「雄略紀」（『日本書紀』）にみえる三輪山の神の目の光にさしもの天皇が射すくめられたという話である。

そこで、火神とされるカグツチも実は蛇の霊《カカツチ》であって、蛇に還元することのできる名称である。

従来の解釈のように火が輝くから、「カガヒコ」というのは主客転倒で、「カカ」が動詞化されて、「カガヤク」の語が生じたと解される。

要するに火神カグツチを蛇神に還元すれば、蛇の子は蛇なので、当然その所生の八柱の山の神々は蛇ということになる。

山を蛇に見立てる弥生・古墳時代の信仰は現代にも引き継がれているほどなので、

神話筆録時代には、今よりも格段に強く意識されていたはずであって、山と蛇の関係が暗黙のうちに、このような神話の形で書き記されたことにふしぎはないのである。

しかしここに付け加えておきたいのは、神話は複雑でけっして一面からのみみて論ずることはできないということである。とりわけ日本人は一つのことの中にいろいろの意味を盛り込む傾向をもつ。当時、大陸渡来の易・五行思想も定着し、知識人はそれにすでに習熟していたので、その法則もこの火神神話には当然、応用されていたことも考えられる。

カグツチが火神ならば、「火生土」の五行相生《ごぎょうそうしょう》の理によって、次に来るものは「土気」である。この地上における最大の土気は、「山」なので、この法則からいってもここに多数の山々が生まれることになる。

当時、五行は最新の知識だったから、この法則も神話の中に反映させたかったのではなかろうか。

あるいはまた、火山にみられるものは大爆発に伴う噴火と、大蛇の匍伏《ほふく》にも似る熔《よう》岩《がん》の流れや、土石流である。

大自然の壮大な営みのなかにみられる山と火と大蛇のイメージの結集が、火神カグツチと、山々の誕生の一連の神話の根底に潜んでいるのかも知れない。

こうして火と山と蛇の関係は、いくつかの角度から考えられる。しかし、カグツチの本来の名は「カカヒコ」。「ヒコ」は男性の尊称なので、「カカヒコ」は、「蛇大神」を意味する。

蛇の大神から所生した山の神々の本質は親と同じの蛇に相違なく、神話記述者も究極的にいいたかったことは、やはり「山即蛇」、山の神は蛇、ということなのではなかったろうか。

六　スサノヲ神話と山の神
――足名椎・手名椎・櫛名田姫・八俣遠呂智の推理

1　足名椎・手名椎の推理

天上から追放されて出雲の鳥髪山《とりかみやま》に天降りしたスサノヲノ命は、簸《ひ》の川をさかのぼったところで、娘を真ん中にして泣いている老夫婦に出逢う。

老夫は、

「自分は大山津見神《おおやまつみのかみ》の子で、名は足名椎《あしなづち》、妻は手名椎《てなづち》、娘の名は櫛名田姫《くしなだひめ》という。自分らには八人の娘があったが、ヤマタノヲロチに年毎に奪《と》られ、今年もその時期が来たので、こうして泣いている。」

と、スサノヲノ命に告げる。

この物語は種々の問題を含んでいるが、ここでは、「足名椎、手名椎」「櫛名田姫」「八俣遠呂智《やまたのをろち》」の四つの名を考察の対象にする。

まず、「山津見」であるが、これは、山の蛇《ヤマツミ》であって、山神は蛇であることを暗示している。蛇の子は蛇に相違ないが、そのとおりこの老夫婦の名はそれを物語っている。つまり夫の名は、足無の霊《アシナツチ》、妻の名は手無の霊《テナツチ》とよめるからである。「チ」とは古語で原始的霊格をさし（『岩波古語辞典』）、蛇にはよく用いられ、ヲロチ、カガチ、あるいはタケミカツチなどもその例である。

手と足とがないのは蛇の一大特徴であるから、四肢のない神霊、というのは蛇を措《お》いては考えられない。

2　櫛名田姫の推理

足名椎・手名椎はその出自からいっても、その名前からみても蛇である。

祖父・両親が蛇であるならば、娘の櫛名田姫も当然、蛇のはずである。

上代の「櫛」は今日のような形のものもあるが、抛物線《ほうぶつせん》の形状のものが多く、これは蛇の頭部に相似である。後にスサノヲノ命はヲロチ退治の時、娘を櫛にして自身の髪に挿されるが、これは蛇の霊力を身につける呪術であろう。

櫛は箸墓《はしはか》伝説においても、三輪山の神が櫛笥《くしげ》の中に小蛇の姿で示現《じげん》したことが伝えられていて、蛇とは深いつながりがある（櫛と箸については六二頁参照）。

あるいはまた、往昔《おうせき》、伊勢大神に仕える斎内親王《いつきのひめみこ》が都を去るとき、天皇は親しく皇女の髪に櫛を挿してこれを永別のしるしとした。斎内親王の本質は私は蛇巫《へびふ》と推測するが、こうした観点からすれば、この櫛の賜与の意義はきわめて象徴的である。

櫛名田姫の中には、このように蛇が潜められている。

しかし『書紀』には「奇稲田姫《くしいなだひめ》」と記されている。「クシナダヒメ」か「クシイナダヒメ」か、それも併せて考えなければならない。

結論から先にいえばおそらく、「奇稲田姫」が元であろう。というのは稲田の守り、「案山子《カカシ》」神を、私は、「蛇子《カカシ》」と推測するからである（カカシについては七二頁参照）。

前述のように鼠《ねずみ》を好んで捕食する蛇は鼠の天敵であるから、蛇としての案山子は稲田の守護神となる。同じ意味で蛇神の娘のクシイナダ姫は稲田の守護神であって、ここから稲田を守るすぐれた霊蛇として「奇稲田姫」の名が生まれる。このことは後にこの姫の父、足名椎が、スサノヲノ命から「稲田宮主須賀之八耳神《いなだのみやぬしすがのやつみみのかみ》」という名を授けられていることにもよく対応する。稲田の守護はすべて蛇なのである。

しかし、「クシイナダヒメ」は「クシナダヒメ」とつまって発音されることが多く、一方、櫛が蛇と相似形で、蛇と並々ならぬ関係にあるところから、『古事記』の筆録者は「櫛」の字を宛《あ》てて、「櫛名田姫」と書いたものと思われる。

「櫛名田姫」と「奇稲田姫」の両《ふた》つの名は、いずれにせよ、「蛇」を潜めていることにおいて変わりはないわけである。

3 ヤマタノヲロチ

簸《ひ》の川のスサノヲ神話に登場する大山津見、手名椎《てなづち》・足名椎《あしなづち》、櫛名田姫《くしなだひめ》の三神を蛇神と推理したが、最後にヤマタノヲロチそのものについて考察したい。

ヤマタノヲロチは、『記』には、八俣遠呂智《やまたのをろち》、『紀』には、八岐大蛇《やまたのをろち》、と記されている。「虵」は蛇の意で、これを「ヲロチ」と訓《よ》んでいるが、「ヲロチ」には本来、蛇の意はない。それは「ミヅチ」「ノッチ」が、「水《ミ》の《ツ》霊《チ》」、「野《ノ》の《ツ》霊《チ》」から転じて蛇になっている場合と同じである。それでは、「ヲロチ」の原意は何であろうか。辞典によるとそれは次のように説明されている。

「をろち〔大蛇〕《ヲは峰。ロは助詞。チはミヅチ・イカヅチなどのチで、激しい勢いあるもの》大蛇。うわばみ。」（『岩波古語辞典』）

そこで同辞典で、個別に「ヲ」「ロ」「チ」をみる。

「を〔峰・岡〕①《「谷」の対》みねつづき。尾根。②山の小高い所。」
「ろ《助》①上代、文末などにつき、親愛、感動の意を表わす。②動詞の命令形につき、命令の意を明らかにする。③連体助詞『の』と同じ意を表わす。『嶺ろ田』『をろち』など。」
「ち〔霊〕原始的な霊格の一。自然物のもつ激しい力・威力を表わす語。『いかづち』『をろち』など。」

以上を総合するとヲロチとは、嶺《ヲ》の《ロ》霊《チ》を意味し、山々の連なりを暗示する「山脈《やまなみ》の主」ということになる。つまり古代日本人は蜒々《えんえん》とつづく山脈に巨大な蛇を連想し、山々の連《つら》なりに祖神の姿を感得したのであった。

このヲロチの様相は老夫《おきな》の説明によると、

「その目は赤加賀智《あかかがち》の如くして、身一つに八頭八尾あり。またその身に蘿《こけ》と檜榲《ひのきすぎ》を生《お》ひ、その長《たけ》は谿八谷《たにやたに》、峡八尾《をやを》にわたりて、その腹をみれば、悉《ことごと》に常に血ただれつ。」（『古事記』上巻）

ということであった。

その目の形容にも赤加賀智《あかかがち》（酸漿《ほうづき》のこと。それは同時に蛇の古語でもある。三九頁第3表）といって、蛇を意味する言葉がそっくり使われているが、さらに、一番肝腎《かんじん》な身体の形容に至っては、現実の山の姿がそのまま使われている。すなわちその身体には年経た杉や檜が生い茂り、あるいは古苔に蔽《おお》われているという。それらはまさに山の姿、様子さながらであって、身の丈《たけ》も実際の山や谷の寸法どおり。また腹部のただれというのは、鉄分を多量に含んで赤く濁る出雲の谿谷《けいこく》の水の形容でもあろうか。

ヲロチとは単に嶺の主の意に過ぎない語であるにもかかわらず、このヲロチが古来、最大の大蛇とされている。ヲロチなる語をそのまま大蛇を意味する語とした古代日本人の心象風景の中にあるものは、連なる山脈そのものが蛇であり、そこに見える

第10図　大分県国東半島の香々地（カカヂ）町夷谷（エビスダニ）の山脈　峨々として連なる山容が（カカヂ＝）カガチ，すなわち蛇に見立てられた結果，地名となったものか。エビスも蛇神といわれる

のは巨大な動く蛇であった（第10図）。そこで山中に自生する杉や檜を背負ったまま揺らぎ出す山の様子が、直ちにヲロチの形容に使われたとしても少しもふしぎではない。山が蛇に見立てられているからには、当然の話である。

あるいはこのヲロチは、天孫族の側からすれば手剛《てごわ》い出雲族の連合の象徴であり、同時に彼らの手にする高品質の砂鉄から精錬された刀剣の出来上がっていく過程の描写が「血ただれ」という形容となっているのかも知れない。

さらにさかのぼれば、人類の祖たちに語り継がれていたに相違ない恐竜の記憶がかくされているのかもわからない。

しかしとにかく山は蛇に見立てられ、山即蛇のイメージが彼らの中にあったればこそ、このような神話が生まれたのである。

蛇は祖霊なので古代日本人は自然物の中では、川にも風にも野にも道にも蛇を感得した。その中でもとりわけ崇高な祖先神中の祖先神、祖霊中の祖霊が、山の神、大蛇であった。

そのヲロチの尾の部分から一振《ひとふり》の剣が出現する。この剣が天叢雲剣《あめのむらくものつるぎ》、後の草薙剣《くさなぎの》であって、これはスサノヲノ命から天照大神に奉献され、天孫降臨《てんそんこうりん》に際しては神鏡に副《そ》えられてニニギノ命の身辺をまもり、後に国のほぼ中央の熱田神宮に祀《まつ》られることになる。

しかしそのたてまえはどこまでも剣璽《けんじ》として天皇の側に在ることである。そこでそれになぞらえられる剣がその後つくられて、剣は天皇の在るところ、行くところに必ず従うのである。

天照大神が「これの鏡は専らわが御魂として吾が前を拝《いつ》くが如くいつき奉れ」といわれた鏡に並んで三種の神器の一つとなり、天皇の側近にあることをたてまえとされる剣は神鏡同様、全く祖神の扱いである。

この草薙剣を身に佩《お》びることなく、素手《すで》で伊吹山の山の神を取り抑えに行った倭建命が戦い一つせず、はかなく落命する様子は先にみたとおりである。この伝承も裏返せば最高最大の山の神、八俣遠呂智の霊力讃歌ではなかろうか。

4　蛇に還元される山の神々

以上の推理を終えてみると、簸《ひ》の川上の山中の場面の意義は非常に重大であることに気づく。ここには、

(1)　足名椎・手名椎

(2)　奇稲田姫

(3) 八俣遠呂智

の三者が登場し、最後に八俣遠呂智の尾部から最高の霊剣が顕現するところでこの場には一応の終止符が打たれる。

この場面は日本神話のハイライトで演劇的要素にも富むため、神楽にもくり返し演じられてきた。

しかし表面的なこの演劇的盛上がりにかえって禍《わざわ》いされ、この場面にかくされている重要な意義は全く見失われてしまっている。見失われている点の第一は先にも述べたようにこの三者が蛇そのもの、あるいは蛇に還元されるもの、ということである。それは次の分類によってはっきりしてくる。

(1) 手足がなく、自ら山の神の子と名乗る手名椎・足名椎の神々は確実に蛇である。蛇は鼠の天敵故《ゆえ》、これらの神々は稲田の守護神となって当然であるが、そのとおり、この神々は、スサノヲノ命が奇稲田姫をむかえて新居を設ける段になると、喚《よ》ばれて、「稲田宮主須賀之八耳神《いなだのみやぬしすがのやつみみのかみ》」となる。それは要するに稲の神・穀倉の神・穀霊ということであって、そのシンボルは一本足のカカシ・杓子《しゃくし》となる。

(2) 奇稲田姫は本来、八俣遠呂智に仕える蛇巫《へびふ》のはずである。そのシンボルは櫛《くし》と箸《はし》。スサノヲノ命は後述するように川に流れる箸を頼りに川をさかのぼり、奇稲田姫を櫛に執りなして髪に挿し、大蛇退治に成功する。

(3)　八俣遠呂智はその名称からも山そのものであり、同時に巨大な蛇であって、その尾から顕現した霊剣、草薙剣は、ヲロチ自身のシンボルであると同時に、皇位のシンボルでもある。ということはヤマタノヲロチは祖霊中の祖霊なのである。

5　山の神の分霊化――祖霊と穀霊

この分類によって、山の神、すなわち蛇の神霊は、つぎに祖霊と穀霊に分かれていることが知られる。つまりこの場面の重要性の第二は、山の神の神霊の二大分化の始まりが、さりげなく物語られているということであって、次に掲げるのはこの分化の図表化である。

山の神
- 嶺《ヲ》の《ロ》霊《チ》……山の主……祖霊…剣（シンボル）　蛇巫・櫛名田姫…櫛
- 手《テ》（足《アシ》）名《ナ》の《ツ》霊《チ》…稲田の主…穀霊…案山子（シンボル）　箸

いうまでもなく、ここに挙げた八俣遠呂智と手名椎・足名椎とだけが祖霊・穀霊の

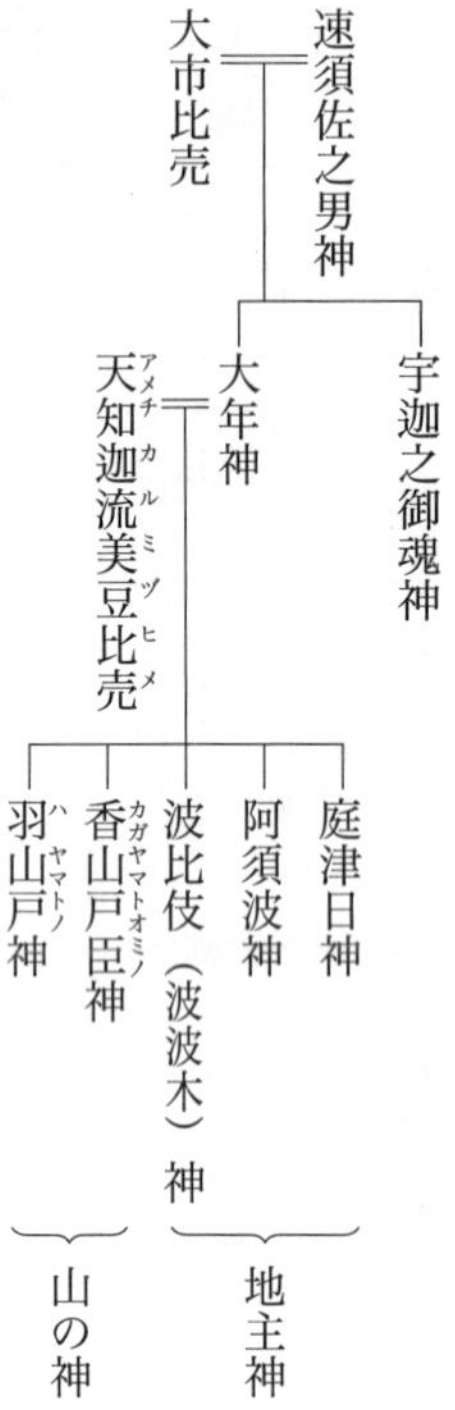

第4表
スサノヲノ命神統譜

祖というわけではない。

彼らは山の神の神格分化の始源を示すものに過ぎず、山の神、すなわち蛇神から派生の祖霊も、同じく蛇神起源の穀霊もこのほかいろいろとある。たとえば南方祖語、蛇を意味するウラの転訛、ウカ（宇迦・宇賀と宛字される）は、倉稲魂《うかのみたま》として有名な穀霊であるが、これも結局は、スサノヲノ命の神統譜の中に組み込まれてしまっている。

すなわち、櫛名田姫とは別に、スサノヲノ命は大山津見神の娘、「神大市姫《かむおおいちひめ》」を娶《めと》るが、この女神との間に生まれるのが、年穀神の「大年神《おおとしの》」と、同じく穀霊「宇迦之《うかの》御魂神《みたまの》」である（第4表）。

なおこの神統譜は重要で、大年神の後裔には、「御年神《みとし》」「大戸姫《おおべ》」「庭津日神《にわつひ》」「阿須波神《あすは》」など著名の神々が多く、その中の「波波木神《ははき》」が後に本書で扱う「箒神」であり、またかくつちの推理に登場の山の神、香山戸臣神《かがやまとおみのかみ》である。

6　古代日本人における想像力の柔軟性

第三に挙げられるのは古代日本人は祖神の姿をその暴《あら》ぶる形、すなわち「動」の姿態と、寂然としてトグロを巻く「静」の姿の両様に分けて捉えていたことである。

彼らは八俣遠呂智の名称にみられるようにウネウネと波状に連なり、峨々《がが》とそびえる連峰からは、山自身がその内に秘める巨大なエネルギーに衝《つ》き動かされて、揺るぎ出す様を連想し、その力とその様子を、祖神としての大蛇のイメージに結集させた。

一方、三輪山に代表される円錐型の山、所謂《いわゆる》、神奈備山《かんなびやま》には、膨大なエネルギーを内に貯えつつ、天地間にズッシリと座してトグロを巻き、動こうともしない祖神の静かな姿態を感得したのである。

いずれも民族がなお若く、その想像力も逞《たくま》しかった時代の産物であって、彼らの途方もなくスケールの大きな想像力には圧倒される思いがする。

想像力の涸渇《こかつ》した後世のものには、その追体験さえできず、八俣遠呂智の描写も表面的な字句の解釈にとどまっていたため、古代人の真意は看過されてきた。つまり、ヲロチの語そのものの中に「山即蛇」ということが明示されているにもかかわらず、それは実感されることがなく今日に至っている。

山と蛇は切り離され、ヲロチは大蛇としてだけ意識され、言葉のみ一人歩きしているが、ヲロチが最大の蛇であるのは、それが山そのものだからである。

追体験とは古代人がその心象のうちにいだいたイメージを、後代の人間も自身のうちに新たに描き出し、それによって彼らの真意を心および身体に即して捉え直すことである。単なる字句の解釈とか、抽象的な思惟でその意味を追うことでは絶対にならない。後代の人間も乏しいながらなお残っている想像力を駆使して、古代人の心象の中に這《は》い寄り、忍び込んで彼らの心底にひそむそのイメージの再構築に苦労していると、その過程において否応なく納得させられるものがある。

それは要するに古代人の想像力の豊かさとは、柔軟性とほとんど同義語であるということである。

つまり今、この場合のテーマである「蛇の見立て」一つに限ってみても、屢々《しばしば》述べてきたように、それはその巨大さ一辺倒だけではけっしてない。

その想像力のなかには常に対象を相対化する柔軟性があって、それが先にみたように蛇の動きの見立ての場合には、静と動の両面の対置ということになる。

さらにこの相対化はそれにとどまらず、形の見立ての上でも常識を超える巨大さの一方には、きわめて細小、かつ日常的、常識的なものが祖神を象《かたど》るものとして取り上げられ、それらが巨大な見立ての材料同様、祖神のイメージに重ね合わされるのである。

巨大な山脈を動き出す蛇に見立て、円錐型の山に静止する蛇を見立てる一方には、野の中の可憐な酸漿《ほうづき》の実《み》莢《さや》に、三角にふくらんだ毒蛇の頭を重ね合わせ、これを赤加《あか》賀《が》智《ち》、ホウヅキ（つまりハハツキ、蛇相似のもの）と呼んだのである。

さらにこの酸漿は自然物であるが、これと同様に細小な蛇の頭付きに相似の物には、人工的につくられたものもある。

スサノヲ神話に登場する「箸」や「櫛」は、巨大な山に対置された細小のホウヅキ同様、このホウヅキのごとき自然物に対置された人工のものであって、これらは日本古代人の想像力のなかに常に働く相対化する傾向をその背後に担う呪物として捉えられる。

そこで次に蛇を秘める細小の呪物、または神々について考察するが、それらは当然、山の神としての蛇と、程度の差こそあれ、必ず何らかの関わり合いをもつものでもある。

七　蛇を秘める細小の神々

ここで取り上げるのは、

(1) 箸《はし》と櫛《くし》
(2) ミノとカサ
(3) カカシ
(4) 箒《ほうき》

等で、いずれも人間の手になる人工の物であるが、それらは前述のように、自然物の見立てに対置されるもので彼らのうちにおける柔軟な相対化の力の所産である。

箸と櫛は中でも、もっとも微小で、しかも山の神に関わる神話の重要場面に現れ、その名残り、余韻ははるか後代の現在の民俗の中にもうかがわれるので、その考察からはじめたい。

1　箸と櫛

箸はスサノヲ神話の簸《ひ》の川場面にまず現れる。

「古代の箸は今日のように二本ではなく、一本の細い竹を曲げ撓《たわ》めたもののようである。したがってその形は細身の杓子に似ていた。スサノヲ命が出雲の簸《ひ》の川の畔を歩いておられた時、上流から流れて来た箸もそのような箸だったにちがいない。二本の細い棒が連れ立って流れて来ることはあり得ない。もし一本ずつ流れて来たのならそれはただの細い棒であって、『箸だ』と思うわけにはいかない。スサノヲノ命が即座に『箸だ』と思われたのは明らかに細身の杓子形に曲げ撓められた竹の箸であったからにちがいない。それでこそ水の中を流れていても箸と判るのである。したがってこの箸の形は男根を象るものとして絶好である。」（吉野著『祭りの原理』一九七二年、五六頁）

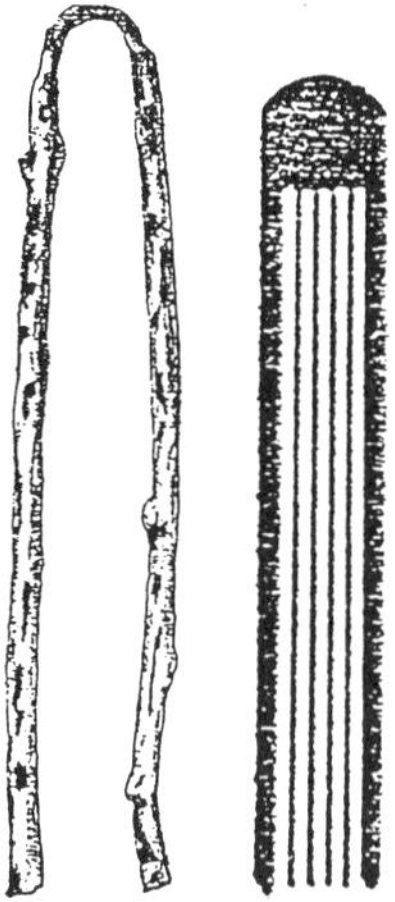

第11図　古代の櫛と折箸
右の櫛は『古事類苑』より，左の折箸は国学院大学考古学資料館所蔵品の模写

男根の象徴ということは、取りもなおさず蛇の象徴でもあって、神話作者は簸の川の上流の山中に蛇がいる、ということを暗示したかったのであり、現実にそこには手無《テナツチ》の霊、足無《アシナツチ》の霊という蛇神がいたのである。

蛇の象徴としての古代の箸は、三輪山伝承にも現れる。

箸墓《はしはか》伝説

「この後に、倭迹々《やまととと》日《ひ》百襲姫命《ももそひめのみこと》、大物主神の妻《みめ》となりたまひき。然るにその神常に昼は見えずして、夜のみ来ましつ。倭迹々姫命、夫《せ》に語りて曰く、『君常に昼は見えまさねば、分明《あきらか》にその尊顔《みかほ》を視《み》ることを得ず。願はくは暫留まりたまへ。明旦《あした》に、仰ぎて美麗《うるは》しき威儀《みすがた》をみま欲《ほ》し』といふ。大神対《こた》へて曰く、『言理《ことわり》灼然《いやちこ》なり。吾明旦《あした》に汝が櫛笥《くしげ》に入りて居らむ。願はくは吾が形にな驚かしそ』といふ。ここに倭迹々姫命、心の裏《うち》に密《ひそか》に異《あや》しみ、明くるを待ちて櫛笥をみれば、遂に美麗《うるは》しき小《こ》蛇《をろち》あり。その長さ大《ふと》さ衣紐の如くなりしかば、驚きて叫び啼《な》きき。時に大神恥《はぢ》ぢて、忽に人の形となり、その妻に語りて曰はく。『汝、忍びずして、吾に羞見せつ。吾還りて汝に羞見せむ』といひて、よりて大虚《おほぞら》を践《ふ》みて三諸山に登りたまひき。ここに倭迹々姫命、仰ぎ見て悔いて急居《つきう》。箸に陰《ほと》を撞《つ》きて薨《かむさ》りましき。すなはち大市《おほち》に葬《おさ》めまつる。故、時《よ》人《ひと》その墓を号《なづ》けて箸の墓といふ。この墓は、日《ひる》は人作り、夜は神作りき。」（『日本書紀』第五、崇神天皇条）（傍線筆者）

第12図　箸墓古墳

ヤマトトトヒモモソヒメの死因が、「箸で陰《ほと》をついた」結果ということは重視されるべきである。何故なら箸はこれまで述べてきたように蛇を象《かたど》るものとされていたから、箸で陰をついたということは、蛇巫《へびふ》は現実に蛇と交合する真似事をした、という事実の暗《あん》喩《ゆ》とも受け取られる。

原始蛇信仰神事の現場には、現代では考えられないような残酷な所業も当然あったはずで、その際、巫女《みこ》の生命にかかわる事故があって死亡することもままあったに相違ない。

しかもそれは神意に背いたものとして受け取られたから、三輪山伝承の裏に潜むものは、原始の神事にまつわる一つの説話ではなかろうか。しかし、今ここで取り上げたいのは、出雲の山中におけると同様に、ここでも、箸と共に櫛の登場をみることである。

夜ごと訪れる神の正体をみたいという姫の願いに応えて、大物主神《おおものぬしのかみ》が身を潜めていたのは姫の櫛笥《くしげ》の中であった。

櫛笥の中の小蛇、ということは要するに、蛇と櫛との一体化であって、神話作者はここでも、蛇即櫛ということをほのめかしている。

●出雲山中におけるスサノヲノ命と……箸と櫛
●三輪山における大物主神と……箸と櫛

スサノヲ神話と大物主神話は、いろいろの角度から比較考究されるべきものではあろうが、両神話におけるこの箸と櫛との対応をみるとき、箸と櫛というこの二種の日常用具は、古代日本人が蛇を暗示したいときに、その常套《じょうとう》手段として好んで用いられた物実《ものざね》であった。

そこでこの場合も、意識した上でのことか、無意識のうちでのことか、それはわからないが、箸と櫛は共に「山の神は蛇」という信仰の媒《なかだちやく》役を負わされているとみられるのである。

2　ミノとカサ

亜熱帯の植物、シュロ科の蒲葵《びろう》はその幹の様相から祖神の蛇に見立てられた（三三頁参照）。

しかし巨大な幹は祭場に移動できないので、その葉が折り取られて幹の代わりをつとめることになり、その結果、幹同様、葉にも神聖性が認められるに至る。

第13図　沖縄県石垣島川平（かびら）の祭りに訪れる神「マユンガナシ」
蒲葵のミノ・カサにかくれてやってくる（渡辺良正氏撮影）

蒲葵の葉は、繊維化して、蓑《みの》・笠・箒などがつくられるから、それらは祭りに際しては祖神を象徴するものとして大切な祭具となる。

たとえば沖縄八重山の川平《かびら》では、祖先神は他界からこの蒲葵のミノ・カサを着けてやって来るとされる。

蒲葵葉の入手困難な本土では、このように繊維化された蒲葵の葉の代用としては、菅《すげ》や藁《わら》が用いられ、東北のナマハゲは藁や菅のミノ・カサを着けて、正月に村の家々を訪れる。これらの藁や菅にかくされているものは他界の祖霊＝蛇であって、ミノ・カサが神話や民俗のなかに数多く登場し、謡曲「善知鳥《うとう》」のなかでミノ・カサが物言わぬ主役を演ずるのも、その背後に広大な他界と祖霊の蛇が潜んでいるためと思われる。

とりわけ、「笠」は今もなお、祭り、民俗のなかにひろくその盛行がみられるので、できる限り、その意義を探りたいと思う。

〔1〕笠の意義

「笠」及びそれと同音の「カサ」には次のような意味がある（『広辞苑』より要約）。

笠……雨雪を防ぎ日光を遮《さえぎ》るために頭にかぶるもの

傘……唐傘・こうもり傘・日傘などの総称

かさ……上を意味する語。今も川の上流、また村の上手《かみて》を「かさがた」などという、笠・傘・嵩などの語源と考えられる

嵩《かさ》……重なったものの高さまたは大きさ。容積

暈《かさ》……太陽又は月の周囲にみえる輪状の光。光環
毬《かさ》……松・橡《とち》などの果実の殻
瘡《かさ》……皮膚《ひふ》病の総称。瘡掻《かさか》き、瘡蓋《かさぶた》

かさかさ……ひからびて堅くなったもののさま

ここで注意されるのは「暈」「毬」で、それぞれ日月の周囲、果実の周囲を取り巻くものの名称である。「瘡」は病気その他の理由により表皮が乾燥して剝落寸前の状態を指す。「かさかさ」は主として乾燥した皮膚の形容である。

以上をまとめると「カサ」は、

(1) 笠・傘
(2) ものの上方（上ということは外側にも通じる）
(3) ものの周囲を取り囲むもの（一番外側）
(4) 乾燥・剝離・脱落寸前の表皮（一番外側）

を意味する言葉といえよう。

笠は頭上にかぶるものである。しかし日本古俗で笠と密接な関係にある蓑と合わせれば身体全体を包むもので、現に笠の中には「笠鉾《かさぼこ》」があり、これは笠から幣《しで》や布を垂れ、神役《しんやく》の身体全体を蔽《おお》う祭具であって、しかも容易に脱ぎ得るものである。

暈・毬・瘡はいずれも、ものの一番外側であって、これは重要な共通点である。その中でも瘡は旧《ふる》い表皮の脱落すべきものを指す。

現在、笠は、身体全体からみれば、一小部分に過ぎないところの頭を蔽うものの名称となっているが、実は身体全体を蔽う「蓑笠」とか、「笠鉾」の中にこそその本《もと》の姿がうかがわれるものなのではなかろうか。笠は「カサ」を名乗る一連の事物とその本質を等しくするものと思われる。

〔2〕笠・傘の民俗

●破れ笠……徳島市付近の嫁入道具に必ず破れ笠がそえてあり、再び帰らぬというしるしとされている（『綜合日本民俗語彙』）

●笠破り・笠こわし（笠こし）……盆踊りなどの終りの意。あるいは祭りのあと、慰労の宴を指す言葉（前掲書その他）

●芒《すすき》の茎でつくった破れ傘……那智《なち》田楽舞《でんがくまい》のあと、田長《たおさ》に扮《ふん》した神役が破れ傘をさしかけられて田を廻る仕草をする。そのとき供人《ともびと》らが「千年万年、あっぱれあっぱれ」と唱える（著者実見）

頭に冠《かぶ》り、または頭上にさす傘に限って、しかも目出度事《めでたごと》の婚礼の前、あるいは祭りの後の宴席、さらには田楽のような稲田の祭事の後に何故、破れ傘の登場を見るのだろう。「破れる」ということはまず目出度事、祭礼においてもっとも忌み嫌われる言葉であり、その上破れ笠（傘）は古く汚く、役に立たないものの代表格である。そのようなものが何故、「ハレ」の場に登場するのか。以下はその推理である。

〔3〕脱皮する祖先神

従来、蛇は水神とされ、もっぱら雨乞《あまご》いの対象として捉えられている。しかし私見によれば、蛇はそのような低次元の神ではなく、くり返しいうように万能の祖先神である。同時に鼠を捕食する蛇は稲作民族の日本人にとって田の神・穀物神でもある。

蛇の生態の中でもっとも顕著なものはその脱皮である。脱皮によって蛇は生命を更新し、それをしなければ死ぬほかはない。私どもの祖先は蛇のこの脱皮を謙虚に擬《もど》くことをもって至高の宗教行事とした。古語で毛を含む表皮一般は「ケ」なので、脱皮は「毛脱《ケヌケ》け」といった。そこで日本神道の根幹にあるケガレ、ミソギ、ハライ、ハレは、この脱皮の一連の経過を指す語と私は思う。つまり、毛離《ケガレ》れ、身殺《ミソギ》ぎ、払《ハライ》い、顕現《ハレ》、であって、一方、日常性を示す「ケ」とは、表皮の中にこもっている期間のことである。本来は即物的な脱皮の経過を指す語が、穢《けが》れ、禊《みそ》ぎ、祓《はら》い、に移行するのは、抽象的観念がそれまでの素朴な宗教行事の中に導入されて以後のことであろう。

〔4〕笠と蛇

笠の原意は「カサ」。このカサとは、ものの一番外側、乾燥した表皮等を意味するから、祖神の脱皮を擬《もど》く上に至上の物実《ものざね》となる。当然、笠に求められるのは破れていることで、蛇は頭部から脱皮していくから頭にかぶる破れ笠は脱皮開始を意味し、必然的に新生呪術における最高の呪物となる。

花嫁は破れ笠を脱ぐことによってハレの場に臨み得るし、田長《たおさ》は破れ傘をさすことによって脱皮、顕現、永生の蛇と化し、田を鼠害からいつまでも守ることになるわけである。その呪術成就の祝歌が「千年万年、アッパレ」ではなかろうか。「アッパレ」とは顕現、つまり脱皮成就、新生への祝《ほ》ぎ言であって、破れ傘行事の意義を端的に示すものと解される。

3　カカシ

常世《とこよ》の国からカガミの舟にのってやって来た少彦名神《すくなひこなのかみ》の協力を得て大国主神《おおくにぬしのかみ》は国土経営に当たったが、最初はこの少彦名神を知るものは誰もいなかったのである。大国主神が出雲の美保崎におられるとき、鵝《が》の皮を着、蘿摩《カガミ》の舟に乗って、波のまにまに寄ってくる小さい神があった。左右の人々もその神が誰なのかわからない。ヒキガエルが出てきて、それはクエビコが知っているという。そこでクエビコを呼んでこれにきくと、はじめて少彦名神の名とその由緒がわかる。

『古事記』によると、

「故《かれ》、その少彦名神を顕《あら》はし白《まう》せしいはゆる久延毘古《くえびこ》は、今に山田の曾富騰《そほど》といふぞ。この神は足は行かねども、尽《ことごと》に天の下のことを知れる神なり。」

と見え、このソホドは足ではどこにも行けないが、天下のことなら何でも知っている、ということで、古来、案山子《カカシ》とされている。

この案山子の語義もまた不詳であるが、山を案ずる、つまり山をおもうものの意であろう。山をおもうものとは山から来たものであることを暗示する。蛇は古来、山の神である。

ここで大蛇の異名に「山カガシ」があることを思い合わせれば、山から来て田を守る神、「カカシ」の本質もやはり蛇として受け取られるのである。

蛇は田の実《みの》りを荒らしてはびこる野鼠を捕食するから、この意味でも蛇は田の神とされた。

クエビコ＝カカシ＝蛇であるならば、カエルは鼠と同様に蛇の好餌《こうじ》であるから、カカシとカエルの関係はふかい。少彦名神（種神）の素姓を明かしたのはカカシ（蛇）であり、このカカシを人々に推薦したのはカエル（谷グク）である。そこで神話のこの一件をまとめてみよう。

①少彦名神（種神）とカカシ（蛇）の関係
②カカシ（蛇）とカエル（谷グク）の関係
③一本足ということ（足は行かねども、つまり足では歩けない）
④天下のことをよく知っていること（知恵者）
⑤田の守り神ということ（山田のソホド）

このようにまとめてみると「カカシ」の本質は「蛇」ということになろう。

民俗の中にみるカカシ

「カガシヒキ　案山子引。新潟県南魚沼郡などは、旧暦十月のトオカンヤに餅を搗いて田の神を送ることにしているが、案山子はただもう用がなくなったといって、この日をもって撤去するだけであるが、長野県に入るとほぼ各郡とも、その案山子を迎えて祭るのが、十日夜の主たる行事であった。これをソメノトシトリという村と、単にカガシアゲという所とあるが、必ず簑笠を着せ、箒や熊手を両手に持たせ、邸内の清い地に立て餅を供えて祀るという作法は、まだそちこちに残っている。同県諏訪《すわ》郡では、この日は案山子の神が天に上る日といい、餅を蛙が背負うてお伴をするという者もあり、南安曇《みなみあづみ》郡などで、或はこの日を山の神祭といい、または山の講の日ともいって、案山子が田守を終えて山の神様になる日だという所もある。京都付近の村でも、古くはカマシメタテといって、家の内に鍬鎌《くわかま》を立て、簑笠を着せて祀る習《なら》わしがあった（匠材集）。……」

（『綜合日本民俗語彙』巻一）（傍線引用者）

第14図　カカシガミサマ（『綜合日本民俗語彙』より）

「カカシガミサマ　案山子神様。長野県上伊那《かみいな》郡で十月十日夜の行事。土蔵の後の清浄な所でも祭るが、多くは家の内庭に臼《うす》を据え、そこへ作道具を寄せて簑笠を着せて、うまく案山子の形に作り、餅を苞《つと》こに載せ、枡に入れて供えた（川島村郷土誌）。もとは田から揚げて来たのかも知れぬが、現在はわざわざ案山子に似た形を作るので、熊手と箒を左右の手にするのが普通であり、これをまた山の神さまと呼んでいる。群馬県吾妻《あがつま》郡六合《くに》村入山でつくる案山子の神体は、直径二、三寸の丸太を手頃に切り、その一面に顔がでるように切りこんだり、また文字を書いたりしたものである。旧正月十四日に作って畑にもって行ったり、村の堂にあげたりする。」（前掲書と同じ）

「カガシモチ　長野県南佐久郡では、十月十日に田から揚げて来た案山子に、餅を搗いて臼のまま、最近では桶《おけ》に入れても供える。長い大根を二本、カガシサマノオハシといってこれに添えることもある（郷土一ノ四）。」（前掲書と同じ）

民俗の中にみられる「カカシ」に共通するものは、簑笠を着せ、手に箒・熊手をもたせ、また「カカシ」を山の神として祀っている点である。

簑・笠・箒は、私のみるところではいずれも蛇を象徴するものである。蛙が餅を背負って「カカシ」の供をする、というのも、神話における「カカシ」と「カエル」の関係に重ね合わされる。

カカシが単に雀や鴉《からす》を追い払うための人形《ひとかた》に過ぎないものならば、山の神にまでたかめられるはずもなく、カカシの本質はやはり人を超えた祖神としての蛇、また鼠・蛙を餌とする田の守り神としての蛇であろう。

4　箒

〔1〕変身の呪物としての箒神

私見によれば、古代日本人にとって、この世に生まれることは蛇から人への変身、死ぬことは人から蛇への変身であった。変身とは容易ならぬことで、そのためには何らかの助力が必要とされた。

つまり出産の場には祖霊の蛇の来臨《らいりん》が不可欠であり、葬送にはその導きがいるとされたのである。

ところで、日本民俗のなかで難解なものの一つに、箒神《ほうきがみ》がある。人間の生死というむつかしい両場面に登場するのがこの箒神なのである。「箒」は、古く『記紀』『古語《こご》拾遺《しゅうい》』などにおける生と死の場面に見られるが、今日の出産、葬送の民俗のなかにもなおあって、箒の民俗は、いまもなお採集できる状態にある。

箒のよみは「ハハキ」、それが俗に「ホウキ」と発音され、単に掃除用具を指す用語となってすでに久しい。

掃除用具は汚れを清めるもの、ゴミを外に掃《は》き出すものであった。したがって、出産や葬式に顔を出す箒については、それらからの類推によって、もっぱら穢《けが》れを祓《はら》うもの、胎児を外へ掃き出すものとしての呪力が考えられ、そうした呪力を負う呪物としてとらえられている。

それはいわば、箒のもつ実用的な作用を、そのまま呪力とか呪術とかにもちこんだ解釈である。事実、日本人は類感呪術として、このような呪物を呪術に使うばあいが多く、箒にしても、以上のような解釈がここにもちこまれても、いっこうに不思議ではなく、一応の意義をもつのである。

しかし「ホウキ」を「ハハキ」の原点に戻すとき、ハハキの呪力は、掃除用具としてのホウキのもつ清掃、掃き出す力にもとづく解釈では間に合わず、それをはみ出すばあいも多いのである。そこで、まず箒の原点を蛇木《ハハキ》あるいは竜樹《ハハキ》としてとらえ、それゆえにこそ祖霊の蛇の象徴として出産の場に立ち会い、葬送の先導となる箒を概観したい。

〔2〕生と箒

「出産と箒」の関係は、日本民俗学において解明されたとはいえない大きな問題のひとつであるが、この出産と箒神の関係についてはやく注目したのは柳田国男で、その『産育習俗語彙』には多くの事例があつめられている。

「出産における箒神の信仰は全国的である。九州阿蘇地方では、産の時、真先に来るのは箒神だといい、長門《ながと》の阿武《あぶ》郡相島《あいしま》でも産のとき箒を立てる。

同じく豊浦《とようら》郡の角島《つのしま》では、センチノカミ、ハハキノカミが来なければ産はできないという。神戸市布引《ぬのびき》では、応神社から『荒神箒』を借りてきて祀《まつ》り、産気づくとその箒で腹を撫でる。安産すると新しい箒をもとめて水引《みずひき》をかけて祭る。もとの箒はたいてい三宝荒神《さんぼうこうじん》様の『荒神箒』にする。

信州北安曇《きたあづみ》郡でも、ハキガミといって産婦の枕許に箒を逆さに立てると、ウブガミサマが出て来て、安産するという。」（柳田国男『産育習俗語彙』より要約）

『民間伝承』一〇巻二号（昭和十九年二月刊）は、「誕生特集号」であるが、そのなかからも、箒神の例をいくつか拾うことができる。

「産の時は箒神様がおいでにならなければ子は産れない」（新潟県佐渡外河府村）

「産が重いときは、産のぐるりに、箒をたてるべきものとされた」（福井県大野郡北部）
「箒を粗末にしていると箒の神様が立腹され、立合いに遅れるから、神様が揃《そろ》わず難産になる」（山口県）
「箒神、杓子《しゃくし》神が揃わなければ子は産れない。平素から箒をまたいだり、杓子をねぶったりしてはならない」（島根県鹿足《かのあし》郡）
「お産はほうきの神様が集らないと生れない」（熊本県球磨《くま》郡）
「産気づくと箒を産室の隅に立てて燈明、神酒をあげる。産後三日目に、家の明きの方の立木にその箒を縛《しば》りつける。市場割、宮の前では美女ケ森の神社の境内の木に縛りつける」（長野県上伊那《かみいな》郡赤穂村）

〔3〕古典に登場する箒

『日本霊異記《にほんりょういき》』は弘仁《こうにん》年間、薬師寺の僧、景戒《けいかい》の撰《せん》になる日本最古の仏教説話集である。その内容は多岐にわたり、因果応報《いんがおうほう》談を中心に、奇異な説話百十余話が収録されていて、日本文化の研究資料として重要な位置を占めている。その中巻七に、およそ次のような話が収められている。

「聖武《しょうむ》天皇の御代、河内の僧、智光は行基《ぎょうき》の徳と名声を妬《ねた》み、しきりに誹謗《ひぼう》しているうち病死した。冥府《みょうふ》の使者に導かれて西へゆき、灼熱の鉄柱を抱かされた智光の身体は焼けただれるが、三日後、使者が破《や》れ簓でその柱を撫で、生き返れ、というと身肉が生じ元通りとなった。その後、北にゆき熱銅の柱を抱かされ、あるいは阿《あ》鼻地獄《びじごく》に落ちるが、常に破れ簓の力によって生き返り、九日後に現世に戻された智光は前非を悔いて行基に帰依《きえ》した。」

この説話の背後に潜むものは、簓に関わる古来からの伝承と思われる。それは、簓が蛇木であり、蛇であるということである。もしそうであるならば蛇の脱皮はその頭部からはじまるから、破れ簓とは、頭部の古い皮が破れ剥《は》げかかった脱皮前の蛇を象徴する。

旧皮剝離は脱皮新生の前提条件である。したがって新生の力は新しい簓ではなく、破れ簓にこそあるわけである。私見によれば、簓ばかりでなく、「笠」も蛇の象徴であるが、同じ理由で「破れ笠」もたびたび新生のためのめでたい呪物として、前述のように日本民俗のなかに登場する。

〔4〕葬列のなかの箒と蛇

左の表は長野、島根、青森県の葬列だが、その先頭をゆくものは燈火、つぎに箒、あるいは竜蛇のつくりもの、三番目が供物、そのつぎが棺《ひつぎ》となっていて、その順はその他の地域においてもだいたい一致している。

長野県下伊那郡大鹿村鹿塩《かしお》の葬列（『鹿塩の民俗』より）

①ほうき　②松明《たいまつ》　③銘旗（大旗）　④花　⑤墓標　⑥位牌《いはい》　⑦枕飯　⑧棺《ひつぎ》　⑨花　⑩五色の旗（布か紙）　⑪松明　⑫ほうき

島根県美保関《みほのせき》の葬列（『美保教会葬祭略式』より）

　　松明　箒　榊　提燈《ちょうちん》　提燈
前駆　銘旗　供物　櫃　棺　墓標　葬主　親族　会葬人　雑具
　　松明　箒　榊　提燈　提燈

「青森県野辺地《のへじ》地方の葬制」（中市謙三『旅と伝説』所収）にみる葬列

①大松明　②花籠（対）　③竜（対）　④花（対）　⑤菓子（対）　⑥かけそうめん（対）　⑦盛物（対）　⑧銀蓮（対）　⑨金蓮（対）　⑩白蓮（対）　⑪鍬《すき》　⑫茶湯　⑬八寸（対）　⑭霊供　⑮水　⑯燈明（対）　⑰香爐《こうろ》　⑱大小（差向）　⑲野飯　⑳四花　㉑位牌　㉒棺

葬列の順は、先頭が燈火、二位が箒、あるいは竜蛇であるが、箒と竜蛇の位置の一致は、両者の本質の一致を暗示する。つまり箒は竜蛇なのである。

「葬列の先頭には松明や提燈、次に一メートル位の蛇体を藁《わら》でつくり、縄にて竹で吊って埋葬地に行き、棺と共に埋める」　（石田隆義『山陰の民俗と原始信仰』）

「葬列は箱提燈二人、燈籠《とうろう》二人、但し二間の竹の上に竜頭をつけ、燈籠の大きさは二尺」　（『阿波の年中行事と習俗の研究』）

「伊予《いよ》・北宇和《きたうわ》郡では葬列の先頭を行くワラの蛇型をノボテとよぶ。それに火を点じてゐるのは魔を払ふためといはれ、穴へ棺を納めると、その周囲をぐるぐるまはす」　（柳田国男『葬送習俗語彙』）

葬列のなかで先頭だった竜蛇は、埋葬地に到着すると墓穴の周囲を廻《めぐ》り、ところによっては、死者とともに埋葬される。

竜蛇が死者とともに墓穴に埋められる習俗は重要である。それは死者＝竜蛇であること、あるいは竜蛇になることへの期待、祈りを単純素朴に表現している。

箒＝蛇を暗示する葬送は、死者を蛇と化する呪術としてとらえられるが、こうして蛇の象徴としての箒が、行列の先頭近くゆくのは、箒が変身のための呪物であることを、しぜんに納得させるのである。

〔5〕伊勢神宮のハハキ神

天照大神《あまてらすおおみかみ》の鎮まられる伊勢神宮内宮の御敷地《みしきち》には、ハハキ神が祀《まつ》られている。

この神について阪本広太郎氏は、「屋乃波比伎神《やのはひきかみ》は、古く『矢乃波波岐皇神《やのははきすめらかみ》』『矢乃《やの》波波木神《ははきかみ》』とも称し、皇大神宮の板垣外の東南隅に鎮座されている。その祭祀は御井の神々とともに座摩巫《いかすりのみかんなぎ》の祭る神であって、古《いにしえ》より朝廷において、これを大宮地の神霊とされているから、神宮においてもやはり御敷地の霊として鎮祭されたものと思われる」(『神宮祭祀概説』より要約)と記しておられるが、それは波波木神は伊勢神宮のなかでも、もっとも神聖な天照大神の宮の御敷地の守護神ということである。

土地の守護神は、エジプトやその他の例でもわかるように、一般に蛇神であって、聖域の外側に鎮祭される。

伊勢神宮における波波木神の在処《ありか》も、第15図に示されるように、内宮の御垣《みかき》の一番外側の荒垣の東南隅である。東南は辰巳《たつみ》、竜蛇を象徴する方位であって、その神格は、その祭祀方位にも暗示されているのである。

ところで、伊勢神宮の大宮地の神霊、ハハキ神は、古くは「矢乃波波木神」と称《とな》えられたという。蛇神と推測される神々がその顕現のばあい、ことに美しい乙女と交わるとき、丹塗矢《にぬりや》と化す例は、日本神話のなかにいくつか数えられる。そのなかでもことに知られているのは、丹塗矢となった大物主神《おおものぬしのかみ》が、セヤタタラ姫と婚し、その間に、後に神武天皇の后となるイスケヨリ姫を儲《もう》けたという話である。

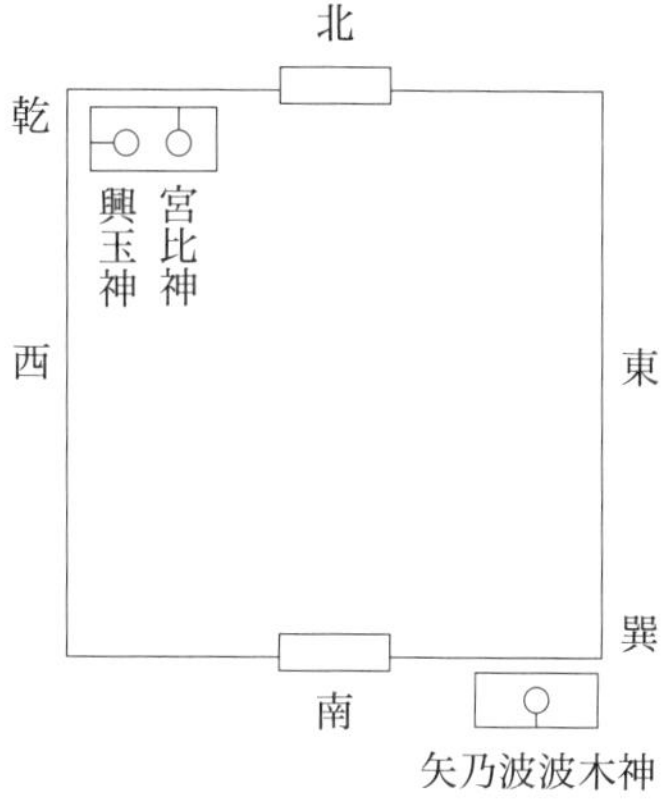

第15図　ハハキ神の鎮座状況（『神宮祭祀概説』より）

矢が蛇に擬《もど》かれるのは、疑いもなく

第16図　島根県八束郡横田神社の神迎えのための「波波木」と呼ばれるオハケ（筆者撮影）

その形の相似ということであって、矢と蛇の関係は深い。

　伊勢神宮におけるハハキ神には、①大宮地の地主神、②御敷地外側の鎮座、③鎮座方位が辰《たつ》巳《み》、祭祀時刻が巳刻《みのこく》、④「矢乃波波木」という名称、などの状況が見られ、それらから推して蛇神と考えられるのである。

〔6〕箒と蒲葵

玉箒《たまははき》（『万葉集』）、破箒《やれははき》（『日本霊異記』）はいずれも生命更新の呪物である。玉箒には魂の象徴としての玉が飾られている。また破箒は、古箒であるからこそ、脱ぎ捨てられて新生をもたらす呪物たりえるのである。そして、伊勢神宮の「波波木神」は地主であり、出産に立ち会う箒神は祖霊である。

単なる清掃用具とはほど遠いものであるにかかわらず、掃除用具一辺倒に解されている理由を、私は次のように推理したい。

くり返しいうように、蛇の古語は「ハハ」である。直立する樹木は、その姿から蛇に見立てられ、「蛇木《ハハキ》」あるいは「竜樹《ハハキ》」として、祭りの中枢にあった。「朴」「榎《えのき》」など、蛇に見立てられた樹木のなかで、亜熱帯の蒲葵《びろう》はあらゆる点から見て、もっとも蛇に相似の木とされ、とくに蛇木《ハハキ》として信仰されたことは先にも述べた。蒲葵の葉も幹の代用として、その神聖性を継承し、蒲葵扇は祭りに欠かせない祭具であった。

蒲葵葉は有用な利用度の高い実用品でもある。清掃にも使われた結果、清掃用具が「ハハキ」すなわち「ホウキ」と呼ばれ、後に竹製の清掃具にその名がひきつがれて、ハハキに「箒」の字があてられたとき、ホウキは完全に清掃用具の名称になってしまったと思われる。

箒の材料は竹のほか、種々の草が使用され、ハハキはいよいよ古代の闇のなかにその影を没してしまったが、沖縄では今も蒲葵箒が用いられており、これこそその闇を照らす一条の光ではなかろうか。

〔7〕朴の木——生死往来の呪物

箒神は、生と死の間を往来するが、同様の現象は、「朴の木」にも見られる。

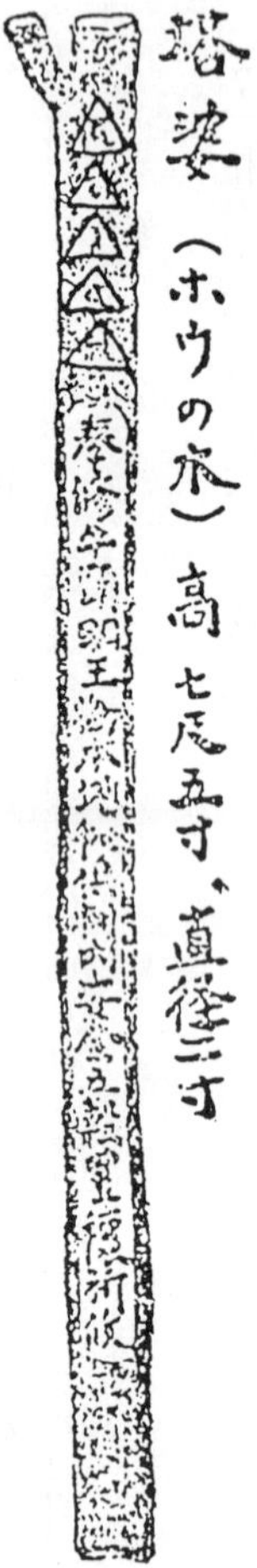

第17図　朴の木の塔婆（辻本好孝『和州祭礼記』より）

朴の木とは元来「ハハノキ」で、ハハキがホウキとなったのと同じ転訛《てんか》である。その幹が直立し、蛇の脱皮のように大きな葉を脱落させるので、蛇に見立てられたと思われる。「朴の木を庭に植えれば、蛇が集まる」（『秋田県の迷信俗信』）という伝承もこれを立証する。

奈良県柳本町の長岳寺一月節会《せちえ》の行事では、蛇形のしめ縄七巻き半と、朴の木の塔婆をつくって本尊の前に安置する。この塔婆に刻まれた三角の連続紋は、蛇の象徴であり、蛇縄とともに宝前に捧げられる祭りの様相からも、朴の木、すなわち蛇の木であったことが知られるのである。

塔婆は死者の表章であるが、次の例のように、それが死とまったく表裏の妊娠・出産・育児に関係しているのは注目に値する。

「朴の木でつくった四角の塔婆を墓に立てて、毎朝祈れば妊娠するという」（伊勢国河芸《かわげ》郡栗真村伝承・沢田四郎作『山でのことを忘れたか』）

「生児がつぎつぎに死ぬときは、朴の木で塔婆をつくり、逆さに立てておくと無事に育つ」（『津久井地方の葬制』）

互いに相反する死と生が、蛇を中枢にして深くかかわり合うのは、他界の主が蛇だからである。人間はこの祖霊の蛇から人へ、人から蛇への輪廻転生《りんねてんしょう》をくり返すのである。

蛇に見立てられて、生死の軸を往来する蒲葵、朴の木などは、この人間における他界と現世との輪廻転生の動きを促し、象徴し、明確にするための呪物としてとらえられよう。いずれも古代日本人の死生観を知るうえに、重要な手がかりとなるものである。

「葬式で墓に供えた団子《だんご》をたべると丈夫になり、長生きする」「棺をまいた布で子供の着物をつくれば丈夫に育つ」「弔旗《ちょうき》の布で腹帯をつくると安産する」（『秋田県の迷信俗信』）という俗信も、古代日本人の他界観・死生観を示している。つまり他界は、死者のゆくところであると同時に、人の子の生まれるところ、生命の源なのである。

5　荒　神

〔1〕他界の主としての荒神《あらがみ》

日本民俗学は、荒神を屋内神と屋外神の二種に分け、それを次のように説明する。

(1)　屋内神＝火の神、カマド神であり、
(2)　屋外神＝旧家の屋敷神、または同族神・部落神として荒神森などに大木を中心に祀る。

ここにハハキ神との関連において考察の対象とする荒神は、屋外神としての荒神である。

そのご神体となるのは藁蛇《わらへび》が多く、荒神祭の主役をつとめた後、この主役は大木に巻きつけられて、一年間、同族や村人を守るのである。

荒神の由緒は判然としないが、この荒神をハハキ神との関連においてとらえ、この両者をつなぐものとして中間にアラハバキ神をおくと、この神々の本質も明らかにな

る。

というのは、アラハバキ神自体、すでに謎の神だからである。

柳田国男はこのアラハバキ神について『石神問答』のなかで、「諸国に客大明神《きやくだいみょうじん》・客人社《まろうど》・門客人《かどまろうど》明神社などという小社があって、それがアラハバキと称されることもある。いずれも神名・由緒ともに不明である」と述べている。

このアラハバキ神・門客人社・客人社については、「宮城県多賀城《たがじょう》村に阿良波波岐《あらははき》明神社、玉造《たまつくり》郡一栗村に荒鋤《あらはばき》権現社などあり、参詣人は脛巾《はばき》を供える。武蔵国《むさしのくに》にも荒脛巾《あらはばき》神社の例がいくつかある。」「岡山県玉津村土井《どい》八幡《はちまん》にカドマロウドサマという片目の神がある。徳島県の一部でも神社の門の随身《ずいじん》像をカドマリサンというが、これは門守り、門客人であろう。」（以上『綜合日本民俗語彙』より要約）などと説明されている。

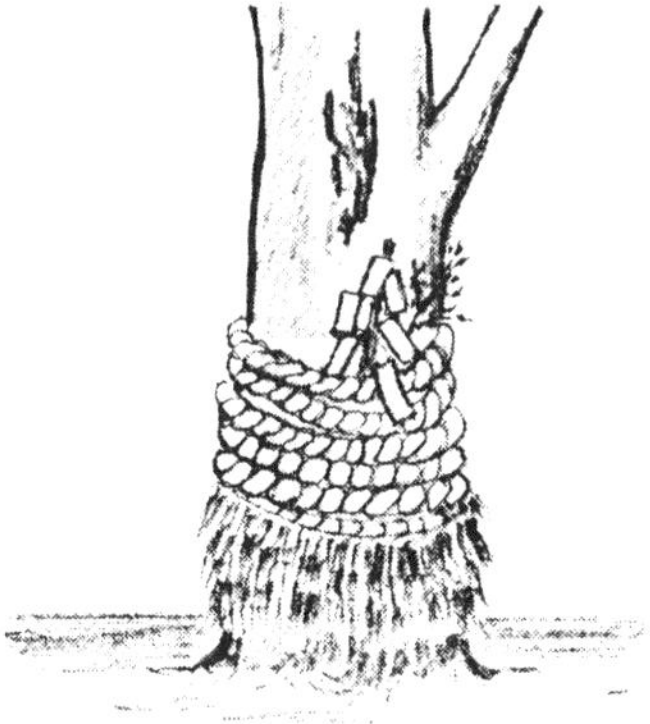

第18図　藁蛇は荒神祭のあと大木に巻きつけられる

〔2〕アラハバキ・門客人社・荒神社

諸記録によって、アラハバキ・門客人・客人などと呼ばれる社《やしろ》を概観したが、これらの神が荒神につながっている例が、島根県八束《やつか》郡千酌《ちくみ》の尓佐《にさ》神社に付属する荒神社に見られる。この社は尓佐神社の境外摂社であって、本社から数百メートル東寄りの森のなかに祀られる荒神の社であるが、同時に客人《まろうど》社でもあって、その通称は「オキャクサン」あるいは「マロトサン」である。

さらに重要なことは、この社が昔は、アラハバキサンと呼ばれていたということである。尓佐神社の塩田宮司は、筆者にかつて「いまはまったく忘れられているが、この荒神社は昔は、アラハバキサンと呼ばれていた。島根半島にはこうした例は少なくない」と教示されたことがある。つまりアラハバキ・マロト・荒神の三者はひとつなのである。

三体の神が合祀されているのではなく、ひとつの神が別の名で呼ばれている背景には、これらの名称の間に何かの関連、ひとつの筋道があるはずである。

〔3〕アラハバキから荒神へ

このばあいの推理に参考になるのは、先述の伊勢神宮のハハキ神である。

この神は天照大神《あまてらすおおみかみ》を奉斎する内宮の御敷地《みしきち》の主《ぬし》であるが、おそらく新米の神にその場所をゆずって、自身は土地の守護神の形で、御敷地の外側に鎮《しず》まっている。そうしてこの神は、蛇神ゆえに辰巳《たつみ》の隅に祀られることになるが、これはそっくりそのまま、各地の古社におけるハハキ神のあり方であった。

宮の敷地の外側に祀られるハハキ神は、いわば門神であり、門の傍《かたわら》に居るために客人のように錯覚される。こうして一見したところ、後から来た客人のように見えるハハキ神は、実際は宮地の旧主であり、地主神なのである。

第19図　島根県八束郡瀬崎の荒神祭につくられる藁蛇

　この御敷地の外側に顕現するハハキ神は、その内から外へあらわになった意味で、「顕波波木《あらははき》」といわれるようになり、ここに「アラハバキ」の神名が新しく生まれることになる。この「アラハハキ」には「顕《あら》」よりはやさしい漢字「荒《あら》」があてられて「荒波波木」となり、やがてこの「荒波波木」から「波波木」が脱落してたんに「荒神」となり、それが「コウジン」と音読されるにいたったのではなかろうか。

島根県下の千酌や、その他の地区において、荒神社がかつては「アラハバキサン」といわれていた事実から、このような推理も可能と思われるのである。アラハバキのアラが「荒《アラ》」となり、ハハキが脱落して「荒神《コウジン》」となったとすれば、荒神とハハキは、そのもとはひとつである。

荒神とハハキ神が、もとはひとつの神であったとすれば、産神《うぶがみ》としての箒神の一つ、既述の神戸の「荒神箒」（七九頁）の成立の理由も、きわめてしぜんのこととして納得できるのである。この荒神箒に類する箒が、全国的に多いことも注意されるべきであろう。

〔4〕ニソの杜《もり》

島根・鳥取・岡山・広島県地方には、祖神《おやがみ》祭りとしての「荒神祭」がさかんであるが、福井県大飯《おおい》郡大島村にみられる「ニソの杜《もり》」という聖域も、荒神信仰につながる。このニソの杜は、「通常、宗家の屋敷の裏山で、杜の中央のタモの古木を神木として供物をして祀る。そこに小さい社のあるばあいは、そのなかの神札に地神・地主・明神・荒神・遠祖大神などの文字が書かれる」（直江広治『屋敷神の研究』より要約）と説明されている。

「ニソの杜」の小祠の神札に、荒神・地主・地神・明神・遠祖大神と書かれていることは重要である。ここには、「荒神」の名の陰にかくされている蛇神としてのハハキ神の本質が、網羅されているからである。蛇神は常に屋敷や土地の主《ぬし》であり、祖先神であって、「ニソの杜」とはまさに「荒神の森」と同義なのである。「ニソの杜」の「ニソ」は謎とされているが、私は次のように推測する。

　陰陽五行思想で、土の神は「后土《こうど》」、その数は「五」、色は「黄」である。「ニソの杜」の「ニソ」はおそらく、「二三《にそ》」、つまり「五」の意味であって、五黄土気の意を内包する日本的表現で、それは那智《なち》田楽《でんがく》に北斗七星が「四三《しそ》の星」と唱われていることに対応する。ところで陰陽五行では人間は「土気」に還元される。ニソが二三で「五」を表現するならば、「五」の数は土気を意味するから、ニソの杜は「土気の杜」、「人祖の杜」となる。

「ニソの杜に神祠《ほこら》があるときは、そのなかに荒神・地主・遠祖大神のお神符《ふだ》があり、ないときはタモの木が祭られる」といわれるのも重要である。

　蛇木《ははき》神としての荒神は木性であるから、神祠《ほこら》がないときには当然、古木がご神体として祀られる。神祠があればそのなかの神札には荒神と書かれる。神木と、荒神と書

第20図　島根県邑智郡、市山の荒神神楽の竜蛇
（牛尾三千夫氏撮影）

かれる神札との関係は、ニソの杜にまつられる神を祖先神の蛇神としたとき、はじめて判然とするのである。森のなかの「神木」と、同じく森のなかの祠の「荒神の神札」とは、それぞれ形をかえた祖霊としての蛇の依代《よりしろ》であって、これらの点からも祖霊は蛇であることが立証されよう。

- 原始信仰では人間の祖は「蛇」、
- 陰陽五行では人間のよって来たるところは「土気」、

そこでこの「五」の杜、すなわち「ニソの杜」に、人祖の「蛇」が祀られることは、まさに五行と原始信仰の習合《しゅうごう》であるが、この種の習合は、日本の祭りや民俗の中に頻出し、ニソの杜もその夥《おびただ》しい例の一つなのである。

〔5〕他界としての荒神の森

島根・広島県地方における十一月の荒神祭では、作り物の藁蛇《わらへび》が筆頭祭具であって、ところによって大小の差はあっても、精巧な藁蛇が祭場の頭屋《とうや》には必ず祀られる。荒神祭におけるこの藁蛇こそ、もっとも簡単明瞭に荒神と蛇の関係の深さを示すものである。

頭屋での祭祀終了後、この藁蛇は祭列の中心に据えられて、荒神の森に移され、森のなかのさだめられた神木に巻きつけられて、祭りははじめて完全に終結する。そうしてこの蛇は、次の年の祭りが来るまで神木を巻きつづけるのである。

荒神祭におけるこの顕著な蛇の多出は、荒神をアラハハキ神とし、そのアラハハキ神を蛇木《ハハキ》神としてとらえるとき、はじめてよく理解されるのである。

祖霊の依代としての森の神木に、まさに依《よ》りついたこの藁蛇は、祖霊そのものであり、一年ごとの荒神祭で、脱皮新生をくり返す。つまり新藁による新しい蛇は、旧《ふる》い蛇にとってかわり、祖霊は再生新生する。旧い蛇は焼却されるのである。

こうして祖霊の生きつづけるこの荒神の森は、先にみたニソの杜同様、この世における他界ということになろう。

〔6〕荒神と出産・新生児・子供

荒神が蛇であるならば、荒神は出産・新生児・子供と深いつながりをもつはずである。

石田隆義『山陰の民俗と原始信仰』によれば、「荒神は出産・安産の神と信じられ、島根県八束郡の佐太神社付近では、荒神に願《がん》をかければ子供が生まれる、といい、八束郡島根村では、荒神森に奉納する藁蛇は大人がつくるが、これをいったん子供に与えてから、それをまた大人がうけとって祀る。これは元来は子供が奉納すべき蛇体であることを示す。鳥取県の片柴村では宮参りのあと新生児は必ず荒神にまいる」（要約）、ということである。

荒神はハハキ神で蛇である。蛇は祖霊であって生命をつかさどり、新生児の直接の親、つまり産神である。だからこそハハキ神（箒）は、産のときやってくる。

ハハキ神が来なければ子供は生まれない。新生児は、荒神にもっとも近いのである。新生児が宮参りのあと荒神にまいるのはこのためであって、新生児ばかりでなく子供もまた大人よりは荒神に近い。荒神祭の藁蛇は、本来は子供が作って大人に渡し、大人が納めるはずのものである。それは図にすれば第21図のようになる。

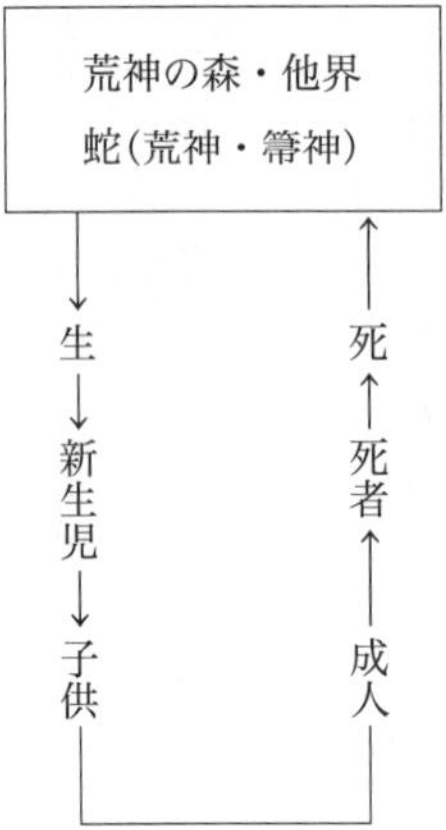

第21図

日本人にとって祖神祭は、生死循環の祭りである。祖神としての荒神は生死の原点、中枢にいる。生のさかりにある子供が、死により近い大人に祖霊の象徴である藁蛇を渡し、大人がそれを森の荒神に納めれば、ここに生死の循環が達成され、祖神祭は成就するのである。

荒神の森は祖先の墓所であるばあいが多く、この世における他界である。死者のいる他界が、現世の新生児や子供と深く関わり合うのは、生死の循環が根底に考えられているためにほかならない。

八　産の神としての山の神

日本列島の北から南まで、産神に関する民俗のうち、広範囲にわたって信仰されているのは、山の神と箒神、あるいは荒神である。

箒神と荒神とについては、先に触れたのでここでは主として、山の神を産神とする例のいくつかを挙げる。

①岩手県遠野町の例

「山の神迎え　一般に山の神様がおいでにならないと、お産が出来ないという信仰がある。そこで妊婦が産室に入ったら、その夫なり、家族の男なりが山の神迎えに出る。厩舎から馬をひき出し、荷鞍を置き、馬を前に立てて、馬の歩む方角について行く。家からすぐにお迎えすることもあれば、一里も二里も行かねばならぬこともある。それは馬が急に立ち止って、身ぶるいするか、嘶《いなな》き声を出すかで、神様が馬の背にお乗りになったことが分るからである。こうして今度は、馬の口をとって家に曳き帰り、山の神様がお出でになった由を告げる。即ちお産があるのである。」

「山の神送り　お産後は、無事にお産をしたお礼として、小豆飯等を炊き、神棚に供え、また馬を曳き出し、元の場所まで神送りする。」

（佐々木喜善『旅と伝説』通巻六七号〈誕生と葬礼号〉所収）

②福島県石城郡草野村の例

「山の神様はお産の神様である。産の重いときは、山の神様をお迎えに行く。馬を引いて北に向って行き、馬が止って歩かなくなれば山の神様がお乗りになったとして、帰って来る。また、山の神様は産場を廻って歩き、生児の職業や縁組を一々帳面につけて歩くともいう。

　四倉浜志津にある山の神様には、モロコシ箒が多く奉納されてあって、妊婦が借りて来て腹をさすれば安産するという。安産後は箒を倍にして奉納し、御礼参りする。」

(高木誠一、前掲『旅と伝説』所収)

③神を負うてくる人

「馬で山から神霊をお迎へ申すといふことは、諸国の神社の祭の式にも伝はつて居る他に、又家々の小さな祭にも見られる。たとへば分娩には山の神と箒の神、その他二つの神が必ずお立会ひなされるといひ、又は山中の大木の空洞《うつろ》などに野宿して居ると、深夜に、馬の蹄の音が響いて来て此樹の前に立止まり、今宵は誰それの家に産があります、行つて生まれ児の運を定めてやりませうと、誘つたといふやうな昔話もよく知られて居る。それがたゞ一つの語り草としてゞは無く、関東越後から奥羽へかけての弘い区域では、今でも少しく産が長びくと、馬を牽《ひ》いて山の神を迎へに行くといふ風習が、稀にはまだ残つて居るのである。眼には見えなくとも其馬が立ちどまり、耳尾を振り動かし、又はもと来た方へ向きかはることによつて、神の召されることを知つて引返して来るので、時によると村の出はづれからもう帰つて来ることもあれば、又は山の中を二里三里、半日も馬にまかせて登ることもあつたと謂《い》つて居る。」（柳田国男『先祖の話』）（傍線引用者）

④年中行事

「初山の神　昭和十六年に、岩手県東磐井《ひがしいわい》郡の藤沢町郷土研究会が出した『岩手藤沢誌』の中に、一月十二日の初山の神というのがある。これは年が改まって初めての山の神祭りで、婦人たちが、妊婦のいる家に集まり、精進料理をつくって山の神に供え、安産を祈る。

山の神は、えたいの知れない神様で、山だけを守ってくれるというのではない。主婦のことを『山の神』というように、家の中をとりしきるばかりか、お産の手伝いまでしてくれる。

妊婦が産気づいても、なかなか子どもが生まれないとき、馬を引いて山の神を迎えに行く行事が、藤沢町のほかにも東北や関東にある。また、背負子《しょいこ》をかついで迎えに行くところもある。

岩手県では、小牛田《こごた》の山の神信仰も、広く行きわたっている。庶民の生活に密着し、何でも聞きとどけてくれる、いわば『神様』の代名詞のように考えられてきた神で、いろいろな性格を持っている。初山の神も、婦人たちの最初の集会に、一同のいちばん痛切な願いごとを、神に祈願する行事なのである。」

（井之口章次他『ふるさとの民俗』朝日新聞社）

⑤兵庫県神戸市布引付近

「箒の神様　武庫郡徳井字中郷の応神社境内に祀られている息長足姫尊《おきながたらしひめのみこと》の神から、荒神箒を借りて来て祀り、産気づいたとき、産婦がまずお燈明を上げて拝み、後、箒で腹を撫でる。安産すればその箒を何かに使い（大抵三宝様の荒神箒に使う）、新しい箒を求めて、半紙で包み、水引をかけて御礼参りに行って奉納する。今も社の中には荒神箒やシュロ箒が沢山奉納してある。」

（辰井隆、前掲『旅と伝説』所収）

⑥福岡県大島地方

「荒神様　産飯といって、荒神様に白米一升を高く盛って上げ、出産後、これを炊いて上げる。

三日目の名附のとき、産屋といってその家の門戸口に、ねんがら（木を一尺二、三寸に切って先を削ったもの）を四本建て、これにワラ屋根を葺き、その上に柴を立て三十日間たったら、近隣の子を集めてこれを毀《こわ》させ、後子供達に御馳走を出す。」

（安川弘堂、前掲『旅と伝説』所収）

⑦誕生と成人

「オンバ様　福島県の猪苗代湖畔にある『オンバ様』は、産の神として有名である。お札をもらったり、オンバ様の掛け軸をかけて安産を願っている。子供が生まれると必ずお礼参りに行く。オンバ様は女の神とか、山の神というが、人によってはオバ神さまだという人もある。

昔は、難産の時は主人が馬をひいてオンバ様を迎えにゆき、馬の止まった所から引き返してきた。そしてオンバ様が来たというと、生まれるものだという村もある。妻が産気づくと、主人が馬をつれて山の神を迎えにゆくという所もあり、オンバ様を山の神だというのも、そこらへんから来たのであろう。

オンバ様はオバ神だというのは、子供の成長にウバなどと同じく、年長の女性が関与する習俗の一つである。子供がこの世に生まれてくる時、オバと呼ばれる女性が関与している例は多い。神奈川県足柄上郡では、子供が生まれてくる時持っているおしりの青いアザ（蒙古斑《もうこはん》）は、地獄の鬼ババが、『娑婆《しゃば》へ行ったら早く戻ってくるな』といってつねった跡だといい、このアザが大きいほど長生きすると伝えている。

これは地獄の鬼ババだが、やはりババ、つまり年長の女性である。これとオンバ様とは直接関係はないが、両者ともに子供の誕生をこの世へ迎える点と、あの世から送り出す、つまり生と死の境にいる者であるという点では一致している。

オバ神は村の境とか、山のふもとに多いというのも、人生儀礼の生と死の境のオバ神と同じ意味をもつものである。」

（井之口章次他『ふるさとの民俗』）（傍線引用者）

考察——①②③④について

遠野地方をはじめ東北一帯の山の神の信仰は、そのもっとも古い形をのこすとされているが、ここに挙げた諸例を要約すれば、この山の神は人間の生誕に深い関わり合いがあって、女が無事に子供を生むときには、この山の神のその場への来臨が絶対必要条件とされている。

山の神が産の場に来合わすこと、それが第一義である以上、夫は山に向かって馬を牽《ひ》いて行き、その馬が歩みを止めたところ、あるいは嘶《いなな》くところまで神を迎えに行かねばならない。こうして山の神を乗せて産婦の許《もと》に帰れば、そこで初めて産がはじまるという。

要するにこの神迎えの意義は、文字どおり、迎えることにあり、ここには産神といえば通常考えられる安産、または新生児保護の功徳などは、むしろ第二義的のものであることがうかがわれる。

「山の神の来臨、即ち、人間の誕生」ということならば、人間の誕生とは、けっして単独、かつ唐突のものではなく、それは山の神から人間への生命の引き継ぎ、リレーとみなされていたことになる。もし山の神が大した神格をもたない神であるとしたならば、この民俗信仰の理由づけは難しい。

本書のこの第一章は終始、山の神を祖霊の蛇として捉え、その論証につとめてきたのであるが、もしそれが的を射ているとすれば、この謎は氷解する。既刊の『日本人の死生観——蛇信仰の視座から』（講談社現代新書、昭和五十七年）のテーマは、次のとおりである。

「現世の背後には、広大にひろがる他界があり、蛇こそ他界を領する主、即ち祖神であった。人は他界から来て、他界に帰る。誕生とは蛇から人への、死とは、人から蛇への変身であった。」

この考えは今も変わらないが、国土の多くの部分を山によって占められている日本人は、そのような環境から、同じ蛇信仰の他の民族より、はるかに山のもつ神秘性の中に、祖神の蛇の存在を感得する度合が強かったと思われる。山は彼らにとってこの世ながらの他界だったからである。そこで山を中枢に人は生死の輪廻《りんね》をくり返す、つまり誕生とは祖霊から人への変身、死とは人から祖霊への変身、ということになる。

山の神と連動する箒神、産神とされる荒神、それらはいずれも蛇に還元される神々なので産の場に登場する。⑤⑥はその例である。

⑦について

「山カカ」「山カガシ」は今も青大将の別名である。それならば蛇を「山ハハ」という場合もあったはずで、この「山ハハ」は山の神であった。しかし「ハハ」は「母」

に通ずるので、「山ハハ」は「山母」となり、さらに「山姥《ヤマンバ》」に転訛していった。そうなれば、山に独り棲《す》む老女などは到底、常人とは思われず、異形《いぎょう》のもの、妖怪、と推移していくのはきわめて自然の理と思われる。

オンバ様とは、要するに山姨の尊称であるが、山姨が元は「山ハハ」、山の神なので、山の神の負う本性をそのまま受けつぎ、産の神にもなるわけである。

日本民俗学では山姨は老女の妖怪としてのみ論ぜられている。もちろん姨《おば》という以上、それに間違いはないが、「山ハハ」の原点にまで、視点をさかのぼらせることが必要なのではなかろうか。

第二章　亥（猪）と山の神

一　山の神の分類

第一章でみたように、日本原始信仰においては、蛇が山の神であった。想像力豊かな先人たちは、森や林、野原の大自然の中に、あるいは日常身近の小物の中にさえ祖神《おやがみ》を感じ、それらを祖神に見立てたが、その中でもとりわけ蜿々《えんえん》と連なる山脈には、屈伸して天地間をうねる大蛇を、孤立する円錐型の神奈備山《かんなびやま》にはずっしりとトグロを巻いて坐《すわ》る巨大な祖神の姿を重ね合わせ、それぞれに祖霊のこもるところとして、山を信仰の対象としたのである。

しかし序章で述べたように日本人の山の信仰は複雑な様相を呈していて、山の神は蛇にのみ固定しているわけではない。

倭建命《やまとたけるのみこと》伝承では、山の神はその最も重要な主役であるにもかかわらず、その神格については『記紀』間に相違があり、『紀』が山の神を蛇としているのに対し、『記』はこれを猪《いのしし》として扱っている。

この相違は多分に重要、かつ難問と思われるが、取り立てて問題提起されることもなく、格別の推理の対象ともならず、無風のうちにそのまま推移してきたのである。

しかし、この謎を解くことこそ日本民俗学の重要課題の一つ、山の神解明の糸口になるものと私には思われる。

そこで第二章は、「猪（亥）としての山の神」の推理に宛てたいと思う。

前述のように、山は円錐型の山、連なる山脈のいずれにしても、それぞれに静動の姿における祖神を髣髴《ほうふつ》とさせ、容易に連想させるので、蛇を山の神とする理由は、感覚的に容易に捉えられる。

それに対し、山の神・猪の場合には、このように感覚に訴えてくるものはあまりなく、したがって猪を山の神とする理由はつけがたい。

しかも山に棲《す》む獣の種類は数多く、狼《おおかみ》も狐《きつね》も鹿もいて、それぞれに優れた点があり、猪だけが突出して山の神の神格を保有するに至る径路は簡単には見出し得ないのである。

ということになれば、感覚的にも理屈の上からみても捉えがたい猪の山の神たるその所以《ゆえん》は、易《えき》・五行《ごぎょう》の理の中にみるほかはないのではなかろうか。

くり返しいうように神話筆録者たちは、当時、すでに中国古代哲学・宇宙観でもある易・五行に習熟していて、『記紀』の中にその証跡は確実にみられるのである。したがって山の神・猪の推理に当たっても、これをその手段とすることは、けっして不当とは思われない。

易・五行の詳細は後述するとして、まずここでは、

●易における「山」

●十干《じっかん》・十二支の五行における「猪（亥）」

のおおよそをみることによって、この推理の大筋を示したい。

二　易・五行における亥（猪）

易の八卦《はっけ》は、乾《けん》・兌《だ》・離《り》・震《しん》・巽《そん》・坎《かん》・艮《ごん》・坤《こん》、であるが、この八卦の中の「艮《ごん》」☶は、第22図で示されるように、自然では「山」、第23図の先天易の方位では「西北」に配当される。

第24図にみられるように十二支においてもその各支は各方位に配当され、その際、

坤 ☷	艮 ☶	坎 ☵	巽 ☴	震 ☳	離 ☲	兌 ☱	乾 ☰	
地	山	水	風	雷	火	沢	天	自然
柔	止	陥	入	動	麗	説《よろこぶ》	剛	性状
母	少男	中男	長女	長男	中女	少女	父	人間
北	西北	西	西南	東北	東	東南	南	方位(先天)
西南	東北	北	東南	東	南	西	西北	方位(後天)
土気	土気	水気	木気	木気	火気	金気	金気	五気

第22図　易八卦配当図

第24図　十二支方位図
西北＝戌・亥

第23図　先天易方位図
艮＝山＝西北

「戌亥」（犬猪）は西北である。

そこで第22—24図を総合すると、次の関係が浮かび上がる。

●先天易……艮☶・山・西北

●十二支……戌亥　　西北

西北という方位を媒《なかだち》として、

●山と戌亥（犬猪）

は一体化し、

●山即戌亥（犬猪）

となり、ここでみる限り、山としての犬と猪は同格である。

しかし実際においては奈良時代、おそらくそれ以前から山の象徴としての犬と猪は、必ずしも同格ではなく、次の例ではそこに正と副の関係が、はっきりとみられる。

三　正倉院御物石板彫刻の戌・亥（犬・猪）

正倉院御物の浮彫大理石『戌亥の図』（三谷栄一著『日本文学の民俗学的研究』有

精堂出版刊所収）がそれで、これは大理石板の彫刻。その名のとおり犬と猪の彫刻であるが、その構図は犬の上に猪がおそいかかり、猪が犬を剋伏《こくふく》している図である。これは普通の常識で考えるとちょっとおかしい。猟犬としての犬の方が、猪を取り抑えるのが当然で、反対になっているところはいかにも謎めいている。この謎を解く手がかりが一つある。この板の裏の墨書がそれで、

「山伐山代。」

と記されている。三谷氏はそれを製作者の半島渡来人の名か、と推測しておられるが、

「山、山代を伐《う》つ。」

ではなかろうか。山、すなわち猪が、山の代用の犬を伐つというので、本当の山は猪であり、犬はその代用なのである。

普通とは違うヒネリの利《き》いた犬と猪の関係と、「山伐山代《さんばつさんだい》」という類似の文字の重ね合わせ、語感、などが作者の製作意欲を刺激したものか、その上司の命によるものかは判然としないが、いずれにせよこの彫刻板の背後にあるもの、すなわち先天易における「艮《ごん》」つまり「山」は、十二支では戌亥（犬猪）ということ。さらにその「犬と猪」では、猪が真正の「山」で、犬はそれに準ずるもの、という意識が当時、すで

にあったという事実である。この石刻板の図は、それにもとづく一種の知的遊戯でもあろうが、これは序章でふれた伊吹山の神を、蛇から猪とするに至る道程を示す貴重な資料である。

そこで次にくるものは、犬と猪では何故、猪が真正の山の神とされたか、ということである。

この疑問を解くには、易・五行の法則の理解が必要とされるので、以下、重複するところもあるが、再びその概要に触れる。

（しかしこれは私の本に初めて接せられる読者の便宜をはかってのことに過ぎないので、既著に目を通して下さっている方々にとっては不用の箇所である。）

四　陰陽五行思想の概要

陰陽五行思想は約五千年前に成立したという古代中国哲学である。それによれば原初唯一絶対の存在は「混沌《こんとん》」。この混沌に含まれている「陰陽」の二気は、やがてまず清明の「陽気」が昇って「天」となり、次に重濁の「陰気」が降って「地」となったと説く。この陰陽二気は元来が同根なので、性質は全く相反しながら互いに引き合って、交感交合する。

この陰陽二気の交合の結果、地上においては、「木火土金水」の五気、あるいは五元素が生じた。この五元素の作用《はたらき》、循環が「五行」である。

1　十干と十二支

陰陽五行の対立の中には常に細分化の傾向が潜在するが、この傾向は「木火土金水」の五原素にもあり、五原素、あるいは五気は、兄弟《えと》という陰陽二元に分化する。

木《きの》	火《ひの》	土《つちの》	金《かの》	水《みずの》
兄《え》（甲）	兄《え》（丙）	兄《え》（戊）	兄《え》（庚）	兄《え》（壬）
弟《と》（乙）	弟《と》（丁）	弟《と》（己）	弟《と》（辛）	弟《と》（癸）

このように五気の陰陽分化が十干で、「甲乙丙丁戊己庚辛壬癸」は、植物の発生・繁茂・伏蔵の輪廻を示すものとされるが、十干に組み合わされる十二支も前述のように同じく植物の栄枯盛衰の象徴である。

以下は十干・十二支の原意をその字義によってみたものである。

(1)　十干

「甲《きのえ》」はヨロヒの意味を有し、草木の種子を被う厚皮のことで、種子が発芽するにあたってまだ厚皮を被っている状態。

「乙《きのと》」は軋（きしる）で、草木の幼芽のまだ自由に伸長しえない屈曲の状態。

「丙《ひのえ》」は炳（あきらか）で、草木が伸長して、その形体の著明になった状態。

「丁《ひのと》」は壮と同義で、草木の形体の充実した状態。

「戊《つちのえ》」は茂（しげる）で、草木の繁茂して盛大になった状態。

「己《つちのと》」は紀（すじ）で、草木が繁茂して盛大となり、かつその条理の整った状態。

「庚《かのえ》」は更（あらたまる）で、草木の成熟団結してゆきづまった結果、自ずから新しいものに改まってゆこうとする状態。

「辛《かのと》」は新（あたらし）で、草木の枯死してまた新しくなろうとすることを指す。

「壬《みずのえ》」は妊（はらむ）で、草木の種子の内部にさらに新しいものの妊まれることを指す。

「癸《みずのと》」は揆（はかる）で、草木の種子の内部に妊まれたものが段々に形造られて、その長さが度《はか》られるほどになったことを指す。ついで帽子をかぶってむくむくと動きだす「甲」となるのである。

(2)　十二支

「子《ね》」は孳（ふえる）で、新しい生命が種子の内部から萌《きざ》し始める状態を指す。

「丑《うし》」は紐で「ひも」「からむ」。萌芽が種子の内部に生じてまだ伸び得ぬ状態。

「寅《とら》」は螾（うごく）で、草木の発生する状態を指す。

「卯《う》」は茂（しげる）で、草木が発生して地面を蔽《おお》う状態。

「辰《たつ》」は振（ふるう）で、陽気動き雷が電光と音を出し、草木が伸長する。

「巳《み》」は巳（やむ）で、万物が繁盛の極になったことを示す。

「午《うま》」は忤（さからう）で、万物が繁盛の極を過ごして衰微の傾向が起こり始めたさま。

「未《ひつじ》」は味（あじわう）で、万物が成熟して滋味を生じたさま。

「申《さる》」は呻（うめく）で、万物が成熟して締めつけられて固まってゆく有様。

「酉《とり》」は緧（ちぢむ）で、万物が成熟の極に達した有様。

「戌《いぬ》」は滅（ほろぶ）又は「切る」という意味があって万物のほろびゆく状態。

「亥《い》」は閡（とじる）で、万物がすでに凋落《ちょうらく》して生命の力が種子の内部に内蔵されたさま。


以上は、万物の発生・繁茂・成熟・伏蔵の過程、すなわち陰陽の消長する順序を十二の段階に分けて示したものである。

太陽の熱と光のエネルギーが地球の各部に伝えられて、草木の種子が内部的胎動から発生・繁茂・成熟・伏蔵の順をたどるが、その過程が十干・十二支によって示されているわけである。

2　五行配当表

中国哲学の最大の特徴の一つは、この世のすべてのもの、すなわち有形無形を問わず一切のものを木火土金水の五気のいずれかに還元することである。色彩・方位・時

	木	火	土	金	水
五色	青	赤	黄	白	黒
五方	東	南	中央	西	北
五時	春	夏	土用	秋	冬
五臓	肝	心	脾	肺	腎
五常	仁	礼	信	義	智
五虫	鱗	羽	倮	毛	介
十干	甲乙	丙丁	戊己	庚辛	壬癸
十二支	寅卯辰	巳午未	辰未戌丑	申酉戌	亥子丑
月	旧一・二・三月	四・五・六月		七・八・九月	十・十一・十二月

第25図　五行配当図

第26図　十二支による一年の構造図
（アラビア数字は旧暦の月を示す）

間も一年の四季もこの五気のいずれかに還元、あるいは配当される（第25図）。

3　一年の構造

時間の単位は、年・月・日・時刻等、いろいろとあるが、人の生活にとってもっとも重要なのは一年である。「年」とは「年穀」の意味であるが、年穀の実りも一年の時間の軌道上に期待できる。また、「年齢」の語にも明らかなように人が生まれてから死ぬまでの時間の単位となるものも一年である。したがって私どもの祖先たちの頭の中にあった一年という時間の構造の把握なしに、祭りも民俗も、ひいては人生観も宇宙観も到底、わからないのである。

先人たちは、この重要な一年の把握を、陰陽五行の理によって行っていたので、それを捨て去った現代の私どもとの間には、その点で当然、大きな落差がある。換言すれば先人たちと私どもの間には一年の把握においても断絶がある。

祭り、年中行事は一年の軌道上におけるイベントなのでこの断絶を超えることなしにそれらの理解は不可能に近い。

この重要な陰陽五行、あるいは十二支による一年の構造図が第26図である。またそれを表の形にすると次のようになる。

木……春……旧一月寅《とら》　二月卯《う》　三月辰《たつ》

火……夏……四月巳《み》　五月午《うま》　六月未《ひつじ》

金……秋……七月申《さる》　八月酉《とり》　九月戌《いぬ》

水……冬……十月亥《い》　十一月子《ね》　十二月丑《うし》

一年は木火金水の四気、および各季の末におかれた土気に還元され、春夏秋冬の四季にはそれぞれ三支が配当される。「亥」はこれでみると、「水気の始め」であると同時に「冬の始め」である。

これが五行の法則による一年の推移である。

しかし五行にはなお多くの法則があり、その中でことに日本の祭祀、民俗行事にとって重要なものに、「三合《さんごう》」「支合《しごう》」の法則がある。

4 「三合」の理

五行の法則によれば一つの季節の中にも、始・中・終がある。これは季語でいえば、孟・仲・季、であり、思想的にいえば、生・旺・墓となる。つまり森羅万象にはすべて始めがあって、やがて旺《さか》んになり、そうして終わるのである。

水気の冬を例にとれば、

始…亥月　（孟冬）　生
中…子月　（仲冬）　旺
終…丑月　（季冬）　墓

となる。

しかしこの生旺墓は、一つの季を超え、三つの季節にわたっても考えられている。つまり「冬」あるいは「水気」は、亥子丑に限らない。「冬」あるいは「水」の萌しは、すでに申月《さるのつき》（旧七月）にみえ、仲冬の子月（旧十一月）に旺《さか》んになり、辰月《たつのつき》（旧三月）にようやく終わるとするのである。これが「三合《さんごう》」の理である。

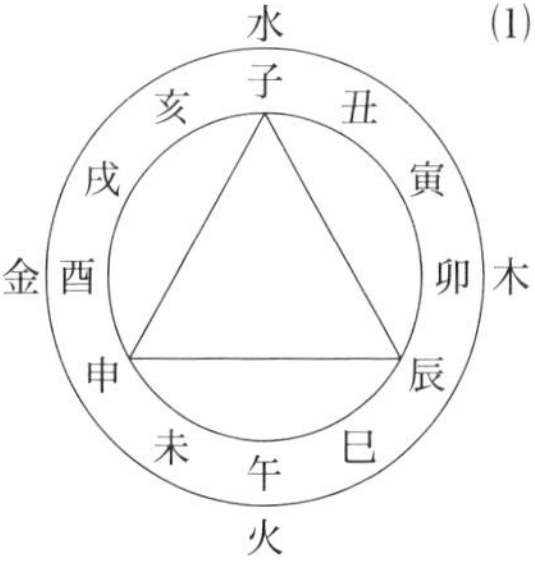

子の三合（水気の三合）
申…生，子…旺，辰…墓。申・子・辰の三支は，すべて水気となる

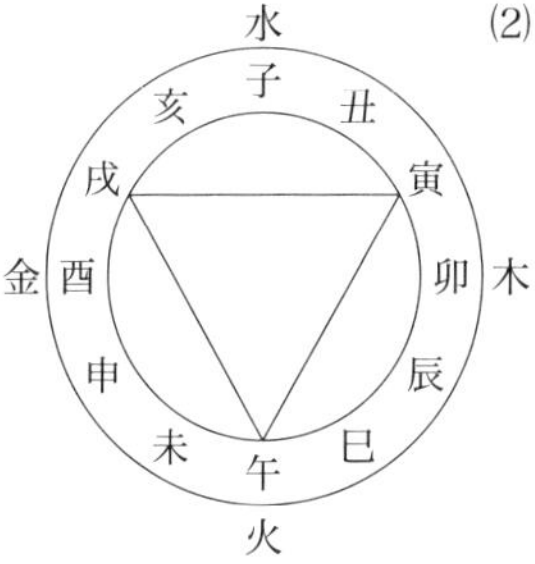

午の三合（火気の三合）
寅…生，午…旺，戌…墓。寅・午・戌の三支は，すべて火気となる

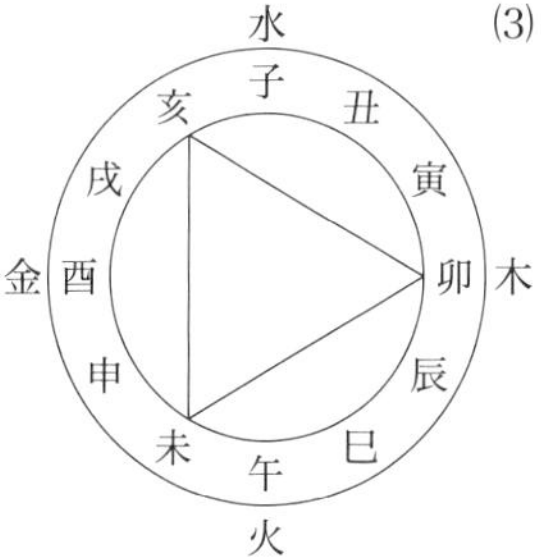

卯の三合（木気の三合）
亥…生，卯…旺，未…墓。亥・卯・未の三支は，すべて木気となる

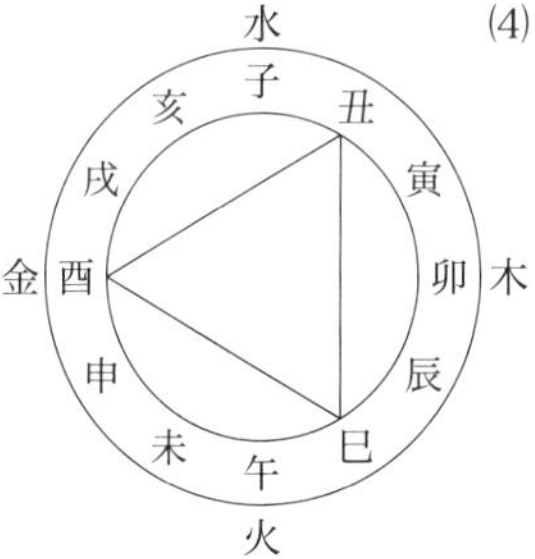

酉の三合（金気の三合）
巳…生，酉…旺，丑…墓。巳・酉・丑の三支は，すべて金気となる

第27図　三合の法則図

『淮南子《えなんじ》』はこの三合を定義して、

水は申に生じ、子に旺んに、辰に死す、三辰（三支のこと）は皆水なり。
火は寅に生じ、午に旺んに、戌に死す。三辰は皆火なり。
木は亥に生じ、卯に旺んに、未に死す。三辰は皆木なり。
金は巳に生じ、酉に旺んに、丑に死す。三辰は皆金なり。
土は午に生じ、戌に旺んに、寅に死す。三辰は皆土なり。

と述べている（第27図　三合の法則図）。ただし、土気の三合のみは、火気の三合と図形的には同じで、生旺墓が異なる。すなわち、土気は午に生じ、戌に旺んに、寅に死ぬのである。

こうしてみると、「亥」は、水気であるばかりでなく、「卯」および「未」と結合すれば、「木気」に化するのである。木気とは植物一般を包含するので、稲麦粟等も木気である。したがって三合の理によって「亥」をみるとき、「亥」は田畑の作物と深い関係にあることが納得される。

5　「支合」の理

五行の法則のなかには、前述の「三合」に並んで「支合《しごう》」ということがある。つま

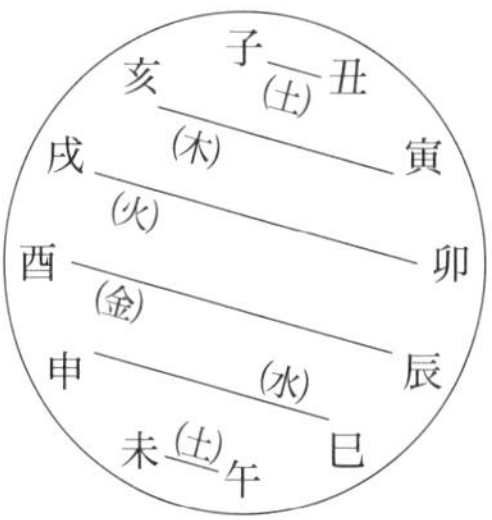

第28図　支合図

子・丑……土気
亥・寅……木気
卯・戌……火気
辰・酉……金気
巳・申……水気
午・未……土気

り十二支の各支は互いに結びつく相手があり、その結合の結果、新たな木火土金水の五気が生じる。その結合は第28図のとおりである。ここでも再び注意されるのは、「亥」は支合においても「寅」と結べば、「木気」に化することである。「亥」と「木気」の関係は非常に深い。

以上が五行における一年の構造、およびそこにみられる諸法則であるが、先人たちの頭の中にあった一年の構造には、このほか、「易」の消長の卦も、またその重要な要素であった。

6　「易」における一年の構造

「易」は「一年の時の推移」を「陰陽の消長」として捉える。つまり冬至を境として日脚《ひあし》は畳の目ほど、日ごとに伸びていく。その状況は、夏至を境に、日脚が一日一日と短くなっていくのとまさに対照的である。陽気が伸長していくのが「長」あるいは「息」で、陽気が減じ、陰気が増すのが、「消」である。

- 冬至から夏至の方向は、陰から陽へ
- 夏至から冬至の方向は、陽から陰へ

の軌《みち》である。

一年は子月《ねのつき》（旧十一月）と、午月《うまのつき》（旧五月）を結ぶ子午線を軸として陰陽が消長し、交替する。

「一陽来復《いちようらいふく》」とは長い困苦の果てに一条の光を見出したときの常套語《じょうとう》であるが、これは冬至を含む旧十一月子月の卦、䷗のことで、全陰の旧十月、亥月䷁の後に、一陽が新しく下に萌《きざ》す象を指す（第29・30図）。

冬至を含む月は旧暦では必ず「子《ね》」であるが「子」の意味は前述のように「孳《ふ》る」で、生命の増殖を示す。万物が枯死する旧十月、亥月の䷁「全陰」の月を経て、万象は冬至を契機にわずかずつながら、「陽」の方向に向かう。

旧十月、亥月の意味する「閡《とざ》す」は、この一陽来復を導き出す源をなし、この全陰あっての一陽来復となる。一陽の萌しを次に来《きた》るべき子月に期待するため、先人たちは亥月のこの全陰の象を「神無月」（陽気を神にたとえて）として表現し、全陰の象にふさわしい「無音」「静寂」「畏《おそ》れ」「慎み」をもってこの月を過ごしたわけである。

くり返せば子月・午月を結ぶ「子午線」は、一年の陰陽を分ける軸の中でも最重要な軸で、午の前にある全陽の「巳」、子の前にある全陰の「亥」は、その子・午に起こる逆転の契機をなすものとして重視されたのである。

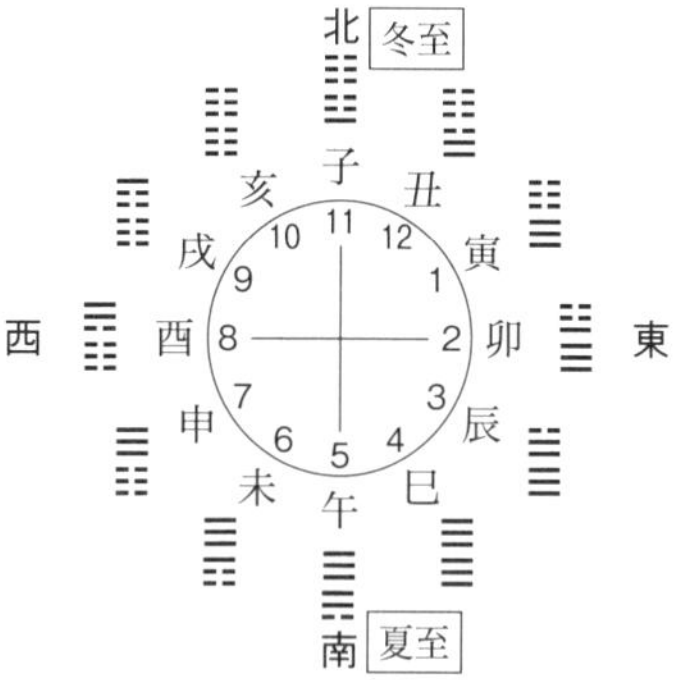

第29図　消息の卦の図
（月は旧暦）

春	寅	（一月）	䷊	泰《たい》（地天泰《ちてんたい》）
	卯	（二月）	䷡	大壮《たいそう》（雷天大壮《らいてんたいそう》）
	辰	（三月）	䷪	夬《かい》（澤天夬《たくてんかい》）
夏	巳	（四月）	䷀	乾《けん》（乾為天《けんいてん》）
	午	（五月）	䷫	姤《こう》（天風姤《てんぷうこう》）
	未	（六月）	䷠	遯《とん》（天山遯《てんざんとん》）
秋	申	（七月）	䷋	否《ひ》（天地否《てんちひ》）
	酉	（八月）	䷓	観《かん》（風地観《ふうちかん》）
	戌	（九月）	䷖	剝《はく》（山地剝《さんちはく》）
冬	亥	（十月）	䷁	坤《こん》（坤為地《こんいち》）
	子	（十一月）	䷗	復《ふく》（地雷復《ちらいふく》）…冬至
	丑	（十二月）	䷒	臨《りん》（地澤臨《ちたくりん》）

第30図　消息の卦の表
（月は旧暦）

7　中国古典における「亥」

「孟冬の月（旧十月、すなわち亥月）、（中略）水、始めて冰《こお》り、地始めて凍《こお》る。是の月や、天子始めて裘《けごろも》きる。（中略）有司に命じて曰《いわ》く、天気上騰し、地気下降し、天地通ぜず、閉塞《へいそく》して冬を成すと。百官に命じて、謹しみて蓋蔵《がいぞう》せしめ、積聚を循行し、斂《おさ》めざる有るなからしむ。（中略）城郭を坏《ま》し、（補修し）、辺境に備《そな》え、要塞を完くす。（後略）」

（『礼記』月令）

「孟冬の月、招揺（北斗第七星）亥に指し、昏《ゆうべ》に危、中し、旦《あした》に七星中す、その位は北方、その日は壬癸。盛徳は水に在り。

（中略）是の月や、大いに飲蒸《いんじょう》し（冬の祭りをさかんにする）、天子、来年を天宗（日月星辰）に祈り、大いに公社に禱祭し、先祖を饗す（後略）」（『淮南子』時則訓）

「立冬後、十五日、斗、亥を指す。小雪となす、十月節、冬は終なり。万物皆収蔵するなり」

（『孝経援神契』）

（以上の引用文中のカッコ内は引用者注）

8　中国古典にみられる旧十月、亥月の意味

中国古典にみられる旧十月、亥月を要約すると、次のようになろうか。

亥月は水の始め、冬の始めである。「冬」とは「終」であり、「亥」とは「閡《がい》」なので、それらの字義どおり、旧十月、万物は収蔵する。天地も本来は互いに往来すべきものであるが、この月は両者間の道は閉ざされ、互いに通じ合うということがない。政治もこの「閡」という天地の象にしたがい、国々の蔵には食料を満杯にして出すことなく、一方、城郭も補修して辺境に備え、要塞も完全にして内を固める。これらはすべて亥月の「閡」、易卦の全陰の象を象《かたど》ってのことである。

また、この月には冬の祭りを盛大に行い、天子は天神地祇および祖先を祭って、来年の年穀を祈るのである。これは「冬」すなわち「終」を完《まっと》うする祭祀といえよう。

五　「亥」の全体像とその分類表——各「亥」の再構成

1　「亥」の全体像

十二支の「亥」を以上のように、

● 一年の構造
● 易
● 中国古典

の中にみたわけであるが、「亥」の全体像の把握は、この三者中にみた「亥」を再検討、あるいは再構成することによってはじめて可能である。

以下は簡単ながら、その各亥の再構成、すなわち取りまとめである。

(1)「亥」の字義は「閡《がい》」、すなわち、とじること。

(2) 木火土金水の五気のうち、「亥」とは「水気」であり、かつその「水気の始め」ということ。

(3) この水気は「冬」に配当されるが、水の始めとしての「亥」は当然、「冬の始め」でもある。

(4) 一年十二ヵ月の中では、「亥」は旧十月。

(5) 一日十二刻の中では「亥」は「亥刻《いのこく》」午後九時から十一時。

(6) 空間における「亥」とは、西北隅、つまり、戌亥(乾《いぬい》)に当たる。

(7)『易』においては全陰の「坤」卦、消長の卦では、旧十月で、「䷁」。この全陰の象が「亥」となるわけである。

(8)『礼記』『淮南子』等の古典によれば、亥月の行事は、すべてその象に適《かな》う行事にしぼられる。

つまり、天地閉塞、万物収蔵の象を、人間の行為に当てはめれば、それは深い慎みとなる。

国政に執《と》れば、国々の倉庫を満たして閉《と》ざすこと、あるいは辺境の塞《とりで》を堅固にして国内を護ることが亥月の行事となる。

これを神祭に当てはめれば、冬とは「終わり」を意味するから、神に今年の実りを感謝し、同時に来《きた》るべき年の年穀祈願ということになる。

(9)「亥卯未」の結合、すなわち三合の理によって、この三支は「木気」に化す。

(10)「亥寅」の結合、すなわち支合の理によって、前者と同じく、この両支は「木気」となる。

終わりの(9)・(10)の二例は特殊例である。つまり、本来、水気の「亥」が「三合」「支合」の法則によって、木気に変身するからである。三合、支合の二法則応用によって、その結果がいずれも同じ木気に変ずる例は、他の十二支にはみられない。「亥」はこの意味で、きわめて木気と縁が深く、「亥」はこのため「田の神」「作の神」となり、亥月の旧十月、豊作祈願の祭り、民俗行事が全国的に執り行われるのは

	項目	位相	本質
1	十二支の亥	順位	十二番目
2	時間の亥	一年	亥月（旧十月）
3	時間の亥	一日	亥刻（午後九時—十一時）
4	空間の亥	西北隅	戌亥（乾）
5	易（先天易）	西北隅	艮・山 ☶
6	十二消息の卦	西北隅	坤 ䷁
7	五行の亥	冬・水気	亥・子・丑　水気の始
8	変容の亥	三合の理	亥・卯・未　木気の始
9	変容の亥	支合の理	亥・寅　木気の始

第31図　「亥」の分類表

ひとえにこの理によるのである。

「亥」の全体像は、大体、上記の十の要素の上に成り立ち、その性状はかなり複雑である。したがって「亥」によって象徴されているものが、日本の祭り・民俗行事に応用される場合、一つの祭り、一個の民俗行事中にそのすべてが包含されているわけではなく、いずれもその十の要素のうちの部分的応用に過ぎない。

2　「亥」の分類表

「亥」の全体像は、これを表にすることによってその把握がさらに容易になるが、第

31図に掲げるのはその分類表である。
この分類に従って、以下、山の神の本質を個別に考察する。

六　山の神の本質（その一）

1　十二山の神

〔1〕十二山の神という呼称

山の神は「十二山の神」という別称があり、略して「十二様」ともいわれる。
この呼称の背後には、

(1)　山の神には蛇と猪（亥）があること
(2)　その区別をつけておかなければならない

という一種の先人たちの心の用意がうかがわれる。

もし山の神が蛇でも猪でも一向にかまわないならば、ことさらこのように十二の数をつけて呼ぶ必要はなく、ただの山の神で結構なはずであるのに、「十二山の神」とか、「十二様」と限定するのは、先人たちの心中に蛇との違いを判然させておかねばならないという意識が強く働いていた証拠である。

それでは何故、蛇ではないことをはっきりさせておきたかったのだろうか。その推理は後述するとして、ここでは彼らが名称以外にも「十二」の数にこだわっている例を挙げる。

〔2〕山の神と十二の数

①山の神の祭日は全国的に十二日というのが圧倒的に多い。
（『綜合日本民俗語彙』巻四）

②ヤマノカミモチ　秋田県仙北郡檜木内《ひのきない》村の狩人が、山歩きをするときに携えていく餅で、旧暦正月に米の餅十二を家で搗《つ》き乾かしておく。女は決してこれを食わない（マタギ資料）。
（同上）

③山の神の団子は男がつくる。ハナといい、盆の中央に二ケ、十ケをまわりに輪にならべる。女はこの団子を食べてはならない。
（『民俗採訪』国学院大学民俗学研究会、昭和四十三年度）

④山の神には餅を十二ケ、三列に並べて供える。（同上）

⑤十二様は火が好き。男だけ集まり、十二焼きといって、二月十一日の夜、火を焚《た》く。（同上）

通説では山の神につきまとうこの十二の数は一年の月数とされ、それは山の神が農事に深い関係があるからと説かれている。

しかし、もしこの十二を、単に一年の月の数として捉えるならば、その成果は不毛で山の神の謎を解く手段には全くならない。

それに較べ、この十二を十二支の十二番目の「亥」と解するならば、そこからは山の神の謎を解く糸口が、実に数多く見出されるのである。

すなわち十二様の十二を十二支の亥に還元することによって、山の神が亥（猪）であることが明白になり、ひいては十二支の亥が負う重要な法則を、後述するように山の神もまた負うものであることが自然に納得される。

さらにこの亥を十二消息卦に合わせれば、古妻を「山の神」と呼ぶ所以も明らかになるので、まずこの推理に移りたい。

2　妻の異称「山の神」

消長の卦によるときは、

- 巳は全陽　䷀　乾（天）父・夫
- 亥は全陰　䷁　坤（地）母・妻

であって、巳・亥は第32図にみられるように対中（相対すること）する。
この対照表は明らかに、

- 全陽の巳は夫
- 全陰の亥は妻

であることを示す。こうなると「亥」とはすなわち「山の神」なので、その結果「妻即山の神」となり、妻のことを「山の神」というのは、ふしぎでも何でもなく、きわめて自然の道理ということになる。しかし何故、山の神が妻を指すかは、日本民俗学では今もなお謎とされている。

　ところでこの「山の神」とは、現在《いま》の若い人には通じないかも知れないが、これはかくれもない妻女の異称で、かつては日本全国に通用する名称であった。それもけっして新妻ではない。かなり薹《とう》のたった古女房の謂《いい》であるが、この山の神は狂言の「花《はな》

子《ご》」（身替座禅）のなかにみえるので、室町時代にはすでに一般にひろく使われていたものと思われる。その『花子』の筋は、

「シテの殿が座禅をするといって、遊女の花子のところに遊びに行く。出て行く前に太郎冠者をよび『内の山の神を欺《だま》いて暇をもろうた。……某《それがし》は花子様へ参り、このほどの皺をのばそうと思う。よって汝は座禅ぶすまをかぶって、座禅の真似をし、山の神が来ても口をきかず、黙っておれ』、と無理矢理説き伏せて出かけるが、案の定、殿の身替りで座禅をしていることが山の神にばれて太郎冠者は白状してしまう。花子と遊んで帰って来た殿は、太郎冠者に代って山の神が座禅ぶすまをかぶって坐っているとも知らず、散々に花子ののろけをきかせたからたまらない。つかみかかる山の神に、殿はほうほうの態で逃げ出す」

第32図　亥巳対中図

というのである。

「花子」に描き出された山の神といわれる妻は、堂々たる家刀自《いえとじ》で底力があり、女もここまでくれば、たとえ昔でも亭主は頭が上がらない。山の神とはそのような女房である。理由は先述のように、消長の卦の、

●「亥」䷁　全陰、老陰、(坤)は

●「巳」䷀　全陽、老陽、(乾)に

対中し、これとペアになるので、独身ではなく妻女である。しかも「老」であり、「陰」であって、明るい花やかな陽の気は一つもない。したがって、美しくはないが、老陽に対中して、陰陽の大元をなすので、陰とはいっても非常に強い。

そこで、「亥」の象徴する䷁坤卦《こんのか》のもつ象《しょう》、あるいはイメージの造型が、めっぽう強い生身《なまみ》の古女房、山の神となるわけである。

しかし、それもこれもすべて「亥」を媒《なかだち》としてはじめて成り立つ名称であり、「亥」あってのことである。

これを図式化すれば次のようになる。

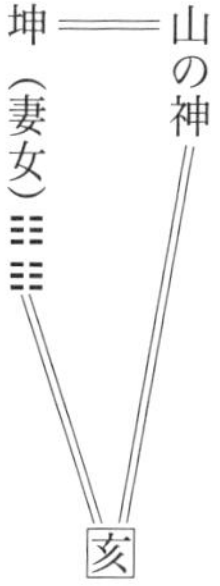

かつては日本中にもっともポピュラーであった古妻の俗称、「山の神」は、山の神としての十二支の亥（猪）の把握なしに、これを理論づけることは到底不可能なのである。

かれこれ、考え合わせるとき、日本の民俗の中に生きる中国古代哲学の実証として、古妻の俗称「山の神」の意義は限りなく深く大きい。

3　オコゼと山の神

オコゼを好む山の神

山の神はオコゼに目がなく、このオコゼという海の怪魚を何にもまして好まれるというが、これは三重・和歌山県を中心に、ひろく行われている信仰である。それもけっして召し上がるというわけではなく、見ることを好まれるのである。

次の引用はその山の神の祭りの実況であるが、注目されるのは、頭人《とうにん》がそのオコゼの干物《ひもの》を懐中に忍ばせ、容易に見せようとしないことである。神があまりにも見たがるので、あえて見せない、という設定である。そこで頭人と氏子の間に交わされる「見せろ」「見せない」の問答の揚句、ついに頭人が懐から取り出して、一同大笑いする。この祭りの主役は、もちろんこの場に姿を見せない山の神とオコゼであるが、そこに重要な要素として付随するのが、「見ること」と「笑うこと」の二つである。

熊野・八木山の笑い祭り

今は行われていないらしいが、柳田国男の報告によると、和歌山県熊野地方の八木山というところで、旧暦十一月八日に、オコゼを使った笑い祭りが行われていたという。

神社前に莚《むしろ》を敷いて、そこで氏子一同が酒を飲み合う。そのとき、集落の頭人(当番)が中央に坐っていて、懐中にしのばせたオコゼの干物をちらりとみせる。するとと、氏子が『今のはなんでござる』と尋ねる。頭人は、『いや、なんでもござらぬ』といって、押し問答がはじまる。

頭人は、みせるとみんなが笑うからいやだといい、氏子たちは、笑わないからみせてくれと催促する。しかたなく、頭人はオコゼの頭をちらりとのぞかせると、一同はゲラゲラと笑う。

しばらくして、再び、みせろ、みせないの問答がくりかえされ、『今度は絶対に笑わないから』というたっての願いで、オコゼをみせるのだが、やはり氏子たちは大笑いする。

これを三度くりかえし、初めは不機嫌そうな表情だった頭人も、最後にはつられて大笑いし、神事は終わる。

この祭りでは、女性や子供が見物人として一座をとり囲んでいるが、彼らも大笑いすることはいうまでもない。

山の神とオコゼ

「オコゼという魚は、非常にグロテスクである。八木山の祭りでも、その無器量さで一同が笑いころげるという筋立てになっている。

山の神とオコゼの関係は中世初期の文献にもみえ、かなり古い習俗で、現在でも山の神にオコゼをささげることが各地で行なわれている。

山の神は一般に女神とされているが、この神は嫉妬深いため、あまりきれいなものをささげるとやきもちを焼くので、不器量なオコゼをささげるのだという伝説に

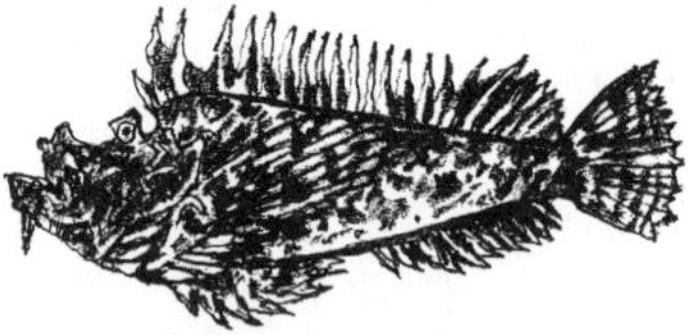

第33図　オコゼ

なっている。

もちろん、これは後世の付会である。オコゼの刺《とげ》には毒があって、刺されるとはれる。この毒性が邪霊を祓うと考えられたのである。

八木山の笑い祭りは、笑いの呪力とオコゼの呪力を合わせて、より大きな呪力を引き出そうとしたもので、オコゼの顔がおかしいから笑うというのは、本来の形ではあるまい。」

（樋口清之『笑いと日本人』）

山の神の祭りには、かなり広範囲でオコゼが供せられ、「視」「笑」も付随する。この報告にみられるように、オコゼについては、従来、種々の解釈がなされてきている。

しかし、山の神を「亥」とすれば、そこにおのずから別途の解釈もあり得るので、オコゼについては、山の神祭りの諸例をみた後に再び触れたいと思う。

4　陽物と山の神

山の神を「亥」とし、純陰の坤卦の神霊化と解すれば、それに対する供物は当然、「陽」の象徴物、すなわち純陽を象《かたど》るものとなる。その意味で、ズバリ陽物の男根は、オコゼ同様、神をよろこばす供物と考えられ、かつては山の神祭りにおいてもっとも頻度の高い賽物《さいもつ》であった。以下の諸例はその状況を示す。

①十津川村の例

「十津川村域や上北山村や下北山村域では、木製の男根（地域によって呼び方が異なるが、ヘノコなどという）や、男根を形象化したケズリバナ（あるいはケズリカケともいう）が賽物として、山の神まつりの日に供えられたのである。

たとえば、十津川村大字重里《しげさと》では、山の神まつりの当日（旧暦十一月七日）、山で仕事をする人たち（個人または数人）でケズリバナを賽物として供えたという。しかし、大字＝ムラとしては山の神まつりの当日、ケズリバナはアズキのダンゴ・サイレ（サンマ）〔ラ〕などの供物と共に供えなかったのである。だが、かつて個人または複数の人で供えられていたこの賽物のケズリバナは今日ではほとんど供えられなくなったということである。

また、川上村大字伯母谷《おばたに》では、山の神の祭礼当日には御酒、塩、洗米、魚（サバやタイ）などの供物と共にヘノコを供えたが、この賽物のヘノコを供えた時期は、古く大正時代のことであり、今日ではこの賽物については伝承としてのこっているだけである。」（奥野義雄『大和の山の神信仰とその賽物』「奈良県立民俗博物館だより」第三十六号所収）

②三重県南勢町の例

「斉田の山の神の祭日は、正月七日である。まだ暗い内に、当人たちは、一番乗りを競い合って、五時ごろ、山の神の森にやってくる。そうして、祠前で、かねて用意しておいた雑木を燃やして、盛んにドンドを焚く。

当番の六人は前日に集って、ヘノコツクリをする。山からネムの木を伐り出してくる。ネムの木は付近の山に多い。幹を取って、長さ一メートル二〇センチぐらいの巨大なものを作るのである。直径二〇センチほどもある大ヘノコである。てっぺんに磨きをかける。元は、もっと小さかったということであるが、近年だんだん巨大化する傾向という。山の神は女神で、これが大すきだから、大きくしないと気に入らぬとのことであった。

山の神は、気が荒くてリンキコキだといっていた。オコゼが非常に好きなので、網にかかれば、山の神行きだと漁夫らもいうそうである。オコゼは、獲れる時もあり、獲れぬ時もあるので、毎年供えるとは限らぬよし。

ネムの木の大ヘノコは欠かせないもので、これをつくるのが六人の当番の仕事であるという。うやうやしく大ヘノコを供えて、村人が各自思い思いに拝みにくる。女人禁制で、男ばかりである。村役も拝みにくる。」

（三重県教育委員会『三重県文化財調査報告書第15集、南勢町篇』）

③伊賀青山町の例

「山の神の喜ばれる神饌《しんせん》は土地により異なるが、もっとも特色のあるお供物といえば、それはシトギであろう。

シトギは米を水にひたしてやわらかくし、粉状にはたいたものを指すので、純白だからシラモチ、オシロイモチなどいろいろの名がある。シトギは何も山の神の専有ではないが、山の神にはもっとも多いお供物とはいえよう。シトギは、生米から作ったものだから、現代人の口に合うものではない。焼いて食べもするが、これは生のままが建て前なのである。

シトギは、延喜式には見えない。白米とか黒米というのは見えている。シトギというのは探しても見つからないのである。それでいて、神饌としてはシトギは重要なのである。東北から九州まで、シトギを山の神に供えるところは非常に多いのである。シトギは今は粳米《うるち》で作ることになっているが、稲作以前から存在したものではないだろうか。そのころは、ヒエなどでもシトギ状に作ったのではないかと思う。その他、澱粉を含むカタクリ・クズ・いもなどでも作ったであろう。それが稲作技術が入ってからはもっぱら粳米に変わったのだろう。

しかも、シトギを山の神に供える時に、わらづとに入れるというのが古風であった。伊勢ではシトギは一般にシラモチといっている。そうして山の神祭りには、お供物としてなくてはならぬというところが少なくない。伊賀も同様であるが、このわらづとの中心部を開いて、そこへ白いシトギを入れて供える方法は、見ようによっては、よほど性的な祭り方という感じがする。どろっとしたシラモチは、きわめて象徴的ともいえよう。伊賀の青山町の一部の北山では、シラモチにしぶ柿の赤い果肉をはさみこんでお供えする風習がある。これなどは一見性的なものに思われる。

山の神は生産神であるから、祭祀に性的要素が濃厚なのは止むをえないであろう。また、伊賀ではミソギといって、神木などの枝で男女の人形を作るが、これに顔を描き、性器までもつける。近江の南部ではヲッタイ・メッタイまたは、ゴタイというところもある。祭りのときには、ヲッタイとメッタイとを腹合せに重ね、交合の状を演じさせるところも少なくない。きわめてリアルに激しく何度も何度も交わらせる。そうすることによって、秋のみのりを山の神に約束させようとするのであった。こういう性的な山の神の祭りをするのは、湖南地方ではけっして珍しくはなく、一般的な姿である。」

（堀田吉雄「山の神」『講座　日本の民俗宗教3』弘文堂刊所収）

④奈良県東山中の例

「奈良県（大和国）の旧添上・山辺両郡の東部山間を奈良の東山中《ヒガシサンチユウ》とも大和高原とも呼んでいる。その東山中で添上郡東山村、山辺郡豊原村および波多野村の三ヵ村が、昭和三一年合併して山辺《やまべ》郡山添村が発足した。

奈良の東山中で山の神といえば、大字の中の特定の場所に鎮まる山の神の所へ、一月七日の山の神の日に、山の神参りをする。

別所では山の神をイノカミとも称して、子供がわらで造った農器具の模型を山の神に供える亥の子行事を行なっている。

山の神はどの大字にも祀られている。またどの家にもその家の参る山の神がある。

山の神は大字の中にある山・森・岡、あるいは氏神の境内や鎮守の森に祀られている。そこには樹木の木立があるだけで祠《ほこら》がない。山の神と笠神には家がないといわれる。そんなことから山の中の祠に祀られた神は、ここにいう山の神ではない。

標木は樫・榊・椿・あしび・つげ・ふくらしなどの雑木、また杉・檜などさまざまで一定しない。山の神の標木はたたりを恐れて伐ることを忌まれるが、そうだからといって斧を入れない原始林があるというのでもない。

山の神にカンジョウ縄をかける行事は現在奈良の東山中で所々みられるが、山添村では菅生大字だけに残っている。しかしながら伝承や文献、またはカンジョウという地名によって、どの大字でも昔はカンジョウ縄をかけたことが知られる。そうだからと言ってカンジョウ縄をかける場所にはどこにも山の神が祀られていたとは限らない。

菅生大字では六組の組ごとに山の神が祀られて、山の神の日にはここにカンジョウ縄がかけられる。山の神祭を行なった後で、カンジョウ縄をかける行事を行なう。『カンジョウ縄が出来上ると、Y字状に枝の分れた木の枝を一本、I字状の直な木の枝を一本切って来て、二人の若者がそれぞれその一つを分ち持ち、カンジョウ縄を中にその両側に立ち、Y字状の木の枝（女木《めぎ》）と、I字状の木の枝（男木《おぎ》）とを互いに重ね合わせ、相からませて、わあいとはやし拍手をして終る。』（波多野村史六九五頁）。この奇習は山添村では菅生大字だけにみられる民俗である。

豊原・波多野両地区では藁束《わらたば》の中に、米の粉の団子あるいは小石を入れた藁苞《わらづと》を、山の神の木につるす風習がある。この藁苞をホーダイ、ホーデン、福の玉、年俵などと呼んでいる。藁苞は男の数の二倍造って、その半分は山の神の木につるし、その半分は持帰って保存し、次の年のとんどに焼く。」（中窪寿雄「奈良の東山中における山の神信仰の種々相と地域性」『日本民俗学』第五十九号所収より要約）

5　招福呪術と山の神

招福呪術資料⑴　特殊な山の神祭カギヒキ・クラタテの行事

「豊原・波多野両地区は奈良の東山中の奥地であった。東山地区との間には標高六一九米の神野山があって、大和高原上に卓立する。神野山は添上・山辺両郡の郡界になると同時に、昔は一時伊賀・大和両国の国境になったとも考えられる。豊原・

波多野両地区は奥地にあった関係上、民俗の宝庫と呼ばれるまでに温存されてきた。

　豊原・波多野両地区の各大字では山の神の日には山の神参りをして、カギヒキ・クラタテという特殊な山の神祭の行事を行なっている。民俗の分布を異にすると考えられるまでに特異な行事である。

　カギというのは雑木（樫・楢・栗・ふくらしなど大字によって異なる）の股がカギ状になった所を切取ったものである（カギをカゲンボともいう）。クラというのは半紙を山の神の前の地面に敷いて、半紙の四隅と中央とに棒（かや・篠竹《すずたけ》など大字によって異なる）を立てる。四方の棒には紙の幣をつけ、中央の棒にはところ・柑子《こうじ》・柿などを突きさしたものである。

　クラタテというのは山の神の前でこのクラを立てる行事をいう。カギヒキというのはこのカギを山の神の木に引きかけ（山の神の木に藁苞をつるして、その藁苞にカギを引きかける所もある）、次の唱え言（歌よみともいう）を唱えながらカギを引く行事をいう。

『東の国の糸綿、西の国の銭金、赤牛につけて、うち（あるいは「こち」）の倉へどっさりこ。』

『どっさりこ』という代わりに、『よういやさ』、あるいは『みなござれ』と唱える所もある。

　また近隣が連立って参る所では、この唱え言に『エッサ〳〵』、あるいは『ホーイ〳〵』というはやし言葉を付け加える大字もある。また唱え言の後に『大根は杵ほど、蕪《かぶら》は碓《うす》ほど』というように、種々の農作物を数えてその豊作を予祝する大字（春日・吉田）もあったが、現在はすでに忘れられて古老でもその一部分を覚えているにすぎない。」（中窪寿雄「奈良の東山中における山の神信仰の種々相と地域性」『日本民俗学』第五十九号所収より要約）

招福呪術資料(2)　伊賀地方のかぎ引き

「伊勢の北西部から伊賀にかけての村々には、正月にかぎ引きということが行なわれる。

　日は正月七日あるいは四日、そのほかのこともあり、多くは山の神のところで行なうが、鎮守社の境内で行なう村もある。かぎとは、木の枝からかぎ（鉤、鍵）の形になるように伐り取ったもので、これを家族の男の人数だけ作り、たばねてこれに藁《わら》づと（納豆《なっとう》の藁と同じ形のもので小型、中には小石を入れたりする）をくくりつけてある。これは正月二日とか四日とか山入りの日にめいめいが作っておく。

当日村人たちはこれをもってあつまり、山の神（または鎮守境内）のところに吊した大きなしめ縄《なわ》（これはあらかじめ当番が設けておく）に、かぎを引っかけてめいめい一端をもっている。

さて音頭取りの男が次のように唱えるのに、あわせて一同が唱和するのである。一区切りごとにウワーイと大声で唱和する。

謹請《きんじょう》再拝々々敬《うや》まって白《もう》す
天下泰平五穀豊穣、年の始めのかぎ引き　ウワーイ
昭和四十年巳《み》の年一月四日なり　ウワーイ
月の数は十二月、日の数は三百六十五日なり　ウワーイ
早稲《わせ》や中稲《なかて》は一斗二升搗《づ》き　ウワーイ
晩稲《おくて》は一斗五升搗き　ウワーイ
籾《もみ》・粟《あわ》・黍《きび》・稗《ひえ》・胡麻《ごま》・菜種は万石　ウワーイ
大根・人参《にんじん》・牛蒡《ごぼう》は根深う　ウワーイ
大豆・小豆はさげ打ち　ウワーイ
そのほか万《よろず》の作物は、ごんご川原の石の如く　ウワーイ

東の国の銭《ぜに》や金《かね》　ウワーイ
西の国の糸や綿　ウワーイ
南の国の桶《おけ》や櫃《ひつ》　ウワーイ
北の国の鍋《なべ》や釜《かま》　ウワーイ
そのほか世界の宝物《たからもの》　ウワーイ
三重県阿山郡東柘植《つげ》分へ引き納める　ウワーイ

ざっとこういった調子である。最後はその村の名を入れて唱えるのである。村によってこの文句は少しずつちがう。阿山郡西湯舟の平泉寺《へいせんじ》垣内《がいと》という部落に伝わる明治七年の帳面に記すものは、

ヤアア……
万世《よろず》の中聞いて見よ　ヤアア……
早稲《わせ》は斗搗《とづき》　ヤアア……
中稲《なかて》は一斗弐升　ヤアア……
晩稲《おくて》は一斗五升　ヤアア……
大豆・小豆さげ打ちの　ヤアア……
芋《いも》・大根は常盤《ときわ》の国も余所《よそ》ならず　ヤアア……

大和の国の糸・綿　ヤアア……

三ケ府の銭金《ぜにかね》も、みなこの里へ引き寄せよ　ヤアア……

となっていて、ウワーイとはいわずにヤアアといったらしい。そして、『みなこの里へ引き寄せよ』というと同時に、左右の檜《ひのき》に引いてあった大しめ縄の一方の端を年《ねん》行事（＝当番）が鎌できりおとすのだという。」

（萩原竜夫『祭り風土記』社会思想社刊）


中国古典にみられる旧の冬十月、亥月は、陰の極みで、「万物は収蔵する時。天地間の往来の道も閉ざされるが、それが亥の原義、『閡《がい》』、閉《と》ざすの意である。そこで国々の蔵には食料を満杯にして出すことなく、天下一切のものを集蔵して、内に固め、冬の祭りを盛大に行って、祖先を祭り、来年の年穀を祈る。これが『冬』、すなわち『終』を完うする祭祀である」（二二九頁参照）。

カギヒキ・クラタテは一見、奇妙な行事にみえるが、これはまさに、中国古典に説かれていることの実践と受けとられるのである。

その折、その時期にふさわしいことをする、というのが一年を生活の単位とした場合の中国の古い教えである。

奈良・伊賀の山中の村の奥深く、行われる旧十月の冬祭りは、時間的空間的に遠く距《へだ》った国の古い教えの多少形を変えた実践と思うとき、何時《いつ》、何人が村人にこれを教え伝えたのか、何か心をゆり動かされる思いがする。

6　山の神の本質（その一）についての考察

易は、八卦とか、多くても六十四卦という少ない卦で、宇宙万象を象《かたど》り、これを説明するものである。そこで同一の卦であってもこれを時に応じ所に従って、これを四方八方から見るのである。

既述のように古妻を山の神とするについては、消長の卦における「亥」と、先天易における山の象徴、「艮《ごん》」卦を、西北の方位を媒介として組み合わせたとき、はじめてその推理が可能となったわけで、これは山の神の理論的な捉え方といえよう。「亥」としての山の神は、「全陰」の「☷」卦が、日本人の俗信の中で神格化された女神である。

したがって俗信の中の神とはいえ、その存在は巨大である。換言すれば宇宙の二大根源、「陽」に対する「陰」の神霊化、具象化であって、天に対する地として万物を生み出す大元である。

「亥」は十二支の十二番目なので、その神霊は「十二山の神」、「十二様」と呼ばれ、その結果、十二人の子を生んだとか、多くの子を持った、とされている。そこでこの神が産の神とされたとしても少しもふしぎではない。

しかしこの神はどこまでも整然とした「理」に発しているので、その発展も後にみるようにきわめて「理」に即している。

「亥」としてのこの山の神は、第一章でみた産の神として信仰されている山の神にみられるような馬の歩みや、嘶《いなな》きでその顕現を人間に告知するような人の感覚の中を去来する神ではない。

その神は、山を他界とし、そこを領する祖霊として認識され、信仰された蛇神とは、本質を全く異にする。

先人が、「十二山の神」とわざわざ断って、原始信仰の山の神ときびしく区別した理由もここにあり、蛇信仰の山の神と、中国の哲理の神霊化の山の神とは、名称は同一ながら全然異質の神である。

この区別に基づいて、以下、改めて、

●オコゼと山の神

●陽物供饌と山の神

●招福呪術としての山の神祭りの順に考察したい。

家妻を山の神と呼ぶ根拠を、消長の卦、全陰の坤卦、☷にもとめ、推理してきたが、それに対し、山の神がオコゼを好まれる理由の推理は、また別の考え方が必要とされる。

すなわち、その推理は、同じく消長卦の☷に拠《よ》るとしても、この卦の捉え方に、ここでは単純素朴な性的な視点が必要不可欠となる。

元来、易の陽爻⚊、陰爻⚋は性のシンボルという説もあるくらいなので、山の神、亥を象徴する☷坤卦は、坎、穴を示す陰物そのものとしても捉えられる。したがってそれが最も欲するものは陽物となるはずであって、海の怪魚オコゼは、その陽物の造型なのである。

陰陽は柔剛の関係で捉えられる。オコゼの顔付きは剛《こわ》く、その身体にも棘《とげ》があり、とりわけその干物はコチコチで剛《かた》いので、「陰」の神の好まれる最上の呪物《じゅぶつ》として意識されたものに相違ない。

しかし山の神の祭りは、要するに神事である。神事は必ず民生の幸福・安寧の祈求

五行	木	（火）	土	金	水
五音	呼	（笑）	歌	哭	呻
五事	貌	（視）	思	言	聴

第34図

を究極の目的とするから、性的の発想によるものとしても、その終極の目標は、陰陽のバランスにあり、この一見、性的な単純な祭りとみえる山の神祭りも、実は陰陽のバランスをもって最高の哲理とする古代中国哲学の実践と見なされるのである。

すなわち、山の神という陰物と、オコゼという陽物の取り合わせにはじまるこの陰陽のバランスの祭りは、その完成度の一層の充実をもとめるとき、けっしてそれだけに終わらない。

この「陰物」の神の祭りには、オコゼのほかにも、なお、「陽」を象徴する「事象」が配されている。

それが先に挙げた、この祭りの中に頻出するところの、

- 視ること、
- 笑うこと、

の二事象である。

「笑」「視」は二つながら五行の五事・五音に於《おい》て「火」に還元される（第34図）。

「火」は陽気の集積、いわば全陽であるから、全陰の山の神にとって、その陰陽のバランス上、絶対必要欠くことのできないものである。

●オコゼ……「陽」の具体的呪物

●笑・視……「陽」の抽象的事象

抽象・具象の陽の呪物・事象をとりまぜて、「陰」の象徴たる山の神を祭る先人たちの工夫には恐れ入るほかはない。

「性」の素朴な笑いに終始するとみえながら、実はその陰には深遠な中国古代哲学の理、すなわち法則が細部にわたってかくされているのである。

陽物としての男根の奉賽も、このオコゼの延長線上におかれているもので、その表面の理由は「山の神のお好きなもの」という卑俗な説明の下に執り行われているが、その真の狙《ねら》いは、宇宙の陰陽のバランスであり、大調和である。

古女房の別称としての「山の神」および「オコゼと男根のお好きな山の神」は多くの研究者によって追求されながら、なお解明されない謎であった。

つまり、それらがきわめて卑俗で、一見、いかにもすぐ解釈がつきそうでいて、なかなか、つかないところに人々をイラ立たせる原因があった。

しかし発想を変えて解明のための鍵を探し求め、それを手にして謎をさぐれば、意外に簡単に氷解するように私には思われる。

七　山の神の本質（その二）

1　三合の法則によるその変容

〔1〕「田の神・山の神の輪廻・交替」の推理

十二支の「亥」は、三合《さんごう》の法則を負って、木気に変容する（一一二頁「三合」の理参照）。

すなわち、本来、「水気」でありながら、「亥」は「卯」および「未」に出会い、これと結合すれば木気に化するのである。

「亥」としての山の神は、当然この法則を継承して同様に変容する。

この場合、亥の山の神が、卯に出会うとは、この神が卯月、つまり旧二月に祀られること、つまり祭りが執り行われることを意味する。

同時に、亥自身も、亥月、すなわち旧十月に祀られることが必要である。

卯は木気の正位である。三合の理は、正位の「支」を含めば、二支の合のみでも成立する。そこで厳密にいえば、旧六月、未月にも祭りが執り行われれば完全である

が、これを省略して、

● 卯月（旧二月）……春
● 亥月（旧十月）……秋（実は初冬）

の二度の祭りでも、木気は生じ、これによって、亥の神、すなわち山の神は、木気の神に変容する。

木気の正位の「卯」は元来、「茆《ぼう》」「茂《ぼ》」で、草を意味し、植物全般を包含するので、樹木はもちろん、稲・麦・粟などの五穀もすべて木気の範疇《はんちゅう》に入る。

したがって、亥としての山の神は、十月・二月の両度に祭られるときには、木気に変じ、当然、田の神・作物の神となるわけである。

この視点に立って、諸種の民俗学事典における「山の神」「亥の神」「田の神」等の項目をみると、この間の事情が自然にうかがわれるのである。

「ヤマノカミ　山を支配する神。農民はこれを田の神と結びつけて信じており、春秋二季の特定の日に山の神が田の神と交代するとか、山の神が里に降って田の神となるとかいう話は古くから広範囲に行われていた。ところが山稼ぎの人々の信ずる山の神は田の神と関係がない。山稼ぎの中でも木地屋の信じる山の神は夫婦神だといい伝えた。秋田県大曲市付近の伝承では、山の神は朱袴裸身で、右手に鉞《まさかり》を持った垂髪の女神と考えられていた。上越地方には山の神をジュウニサマと呼ぶ風があるが、なぜその称が生じたかはわかっていない。……全国的にいって山の神の祭日は七日・九日・十二日などが多く、月は二月と十一月が多い。これらの祭日には山稼ぎに出るのを厳に戒しめ、その日を山の神が狩をする日、同じく木種を蒔く日、同じく木を数える日……などと呼んでおり、これを犯して山に入れば災厄ありと説く所が多い。……山の神祭祀に女性の関与を忌《い》む風も広い。海の珍魚たるオコゼを山の神が好むという伝えも全国的であるが、これなどはいまだ理由が明らかでない。熊野の山詞に、狼を山の神というのは、この獣が山民の間に神聖視されていたことを示すのであろう。」

（『綜合日本民俗語彙』巻四）

「ヤマノコウ　山の講。山の神を祀る信仰集団をいう。山の神講という所も多い。日は二月と十一月ないし十月に固まっている。愛知県下などでは十一月七日の山の講が最も多く、主に木を取扱う人々が山神社前に燃料を積み上げて焼く（民族二ノ一）。西春日井郡では山の神に併せて聖徳太子を祀るが、必ずしも山仕事の家のみではないらしく、一般の家でもそれを休み日ときめている。翌八日には、オシタケ、つまりお火焚きという鍛冶屋の祭がある（郡誌）。

埼玉県比企郡などになると二月が多くなり、平村（都幾川村《ときがわ》）では樵夫が二月七日以前の申の日に山の神を祀るのが、ヤマノコウである。……」（前掲書に同じ）

「ヤマノコノカンジ《クワ》　山の子の勧進。岐阜県加茂郡大田町（美濃加茂市）で、十一月初の寅の日、または七日を山の子という。十歳より十五、六歳までの男児が、この日米や銭の勧進《かんじん》をし、山神の祠《ほこら》の前で青竹、藁などを積んで焼く。特別に小屋掛はしない。」（前掲書に同じ）

「ヤマノコマツリ　中部山岳地方の村々では、初春・初冬の二度の山神祭をヤマノコの日という。信者が団体で祭をするから『山の講』のはずであるが、『山の子』ときこえる。祭日は気候風土によって一定しないが、多くは旧暦二月、十月の七日または十七日である。名古屋市では材木屋や薪炭商、また大工などにも山の講があり、翌日はオヒタキといって、湯屋や鍛冶屋の祭日である。愛知・岐阜両県の山村では、ボタモチやゴヘイモチをつくる風習があり、この日に山にいくのを忌む理由として、山の神が頭巾を落して探し歩いているのに会うと悪いからという（土の香三ノ六）のは、山梨県あたりのヤマノカミノカンムリオトシと似ている。岐阜県西美濃の一部では、一尺内外の石を神体とし、女をその集まりに交えるのを忌み、悪口をいいあう。これを祭る所は、その年により替えたと見えて、諸所の山中にヤマノコノアトが残っている。」（前掲書に同じ）

「ヤマノクチコウ　山の口講。滋賀県高島郡朽木《くつき》村では、二月、十月、十一月の九日は、ともに山の口講で、二月のは種蒔き日、十月のは切株数えと説かれ、当番が米を集めて白餅をつくる。この日山にいって白兎に逢えば死ぬと信じられ、山いきを忌む（近畿民俗旧一ノ五）。」（前掲書に同じ）

「イノカミサマ　十月亥子の日に祭る神。熊野地方に次のような歌が伝えられている（民謡集）。

祝いましょうよ猪の神さまを
これは百姓のつくり神

長崎県島原半島の亥の日歌にも、

十月亥の日にゃ餅を搗《つ》く

餅を搗《つ》いても客がない
亥の神さまを客にして
わたしも相伴いたしましょう

などという文句がある。石を蔓《つる》でくくり草花をその上に飾ったもので、少年はこれを歌いながら地面を搗いてまわった（俚謡集）。兵庫県播磨の各郡でも、この日に祭る神を亥の神様といっている。神崎郡では、亥の神は六月最初の亥の日、すなわちこの地方の田祭の日に出て、十月の亥の日には秋の取入れもすむので安心して倉に入ってしまわれるという。その祭には餅を十二、閏年には十三、枡の中に入れ、臼の上に新藁を敷き箕《み》に載せそれを供えるなど、九州の丑の日祭などとも似ているから、疑いなく田の神のことである。珍らしい伝承は加東郡で、亥の神は鬢《びん》が禿げているので他の者に見られるを嫌う。それでなるべく暗い所で祭り申すがよいといい、或は多可郡では、亥の神様は踊がお好きだからとて、夜は箕と箒とをその臼の傍に置くという。箒を作って上げるということは、十日夜《とおかんや》のカカシマツリにもする。何かもう少し深い理由のあったことらしい。美囊《みのう》郡では、十月中に亥の日の三度ある年は三本、二度の年は二本、藁でこしらえてこれに菊の花などを飾り、三本または二本の大根とともに箕の上に載せ供える。翌朝はその箒を前の道路に捨てる

（郡誌）。同じ風習はまた淡路島にもあった（風俗答書）。」

（『綜合日本民俗語彙』巻一）

「イノヒマツリ　亥の日祭。兵庫県養父《やぶ》郡などの亥子休みは十一月二十三日新嘗《にいなめ》祭《さい》の日をあてていた。新暦七月の亥の日に栗の枝を田畠に挿し、その前に烏扇《からすおうぎ》という草を敷き、小麦の団子を供えて祀るというのは（近畿民俗旧一ノ二）、ここでも元はやはり六月の亥の日に降り、十月の亥の日に昇る神を信じていたのであろう。鹿児島県肝属《きもつき》郡内之浦町などでは少年が石に縄をつけて村中を曳《ひ》きまわり、家々の門の地面を打って唄をうたい、餅を貰って行くだけの日になっているが、なお亥の日祭という言葉は行われている（民俗学五ノ六）。」

（前掲書に同じ）

「イノコゼック　旧暦十月の亥の日は、関西では今も一つの節供であり、壱岐などでは、現に亥子節供と呼んでいる。亥子の語は中古以来の記録にも散見するが、なぜそういうかの原因はまだわかっていない。十二支に配当するとこの月が亥の月であるために、この日を収穫後の祭の日としたのかと思われる。しかもこれに対して二月にはハルイノコと呼ばれる日もある。鳥取県では、春の亥子に田に降った神様が、十月亥の日には仕事を終って家に帰られるので餅を搗いて祝うのだという。炬燵《こたつ》は十月の亥子に出し、春亥子の日に片づけるともいう。九州でも鹿児島県などは、イノコの語は使わぬが、やはり十月の亥の日に田の神舞というのがあった。大きな農家で下男下女にこれを舞わせる（人類二六五）。行装は簑《みの》を着て飯匙《いいがい》を手に持ち、甑《こしき》の底を頭に被って、今も田の畔に祀られている田の神の石像と同じ姿であった。家のをすませてから親類の家などを廻ると、そこでは餅を与えまた水を掛けようとすることは（風画二五六）、正月十五日のホトホトとよく似ていた。京都の亥子にも餅の贈答は古くからあったが、神を祀る特別の行事は見られなかった。或はこれも神無月の解釈からかと思われる。」　（前掲書に同じ）

「タノカミ　田の神。……春は天より降り、秋は再び帰り登られるという信仰が全国的だが、その祭日は稲作行事の期間よりもずっと離れている。関東、東北は通例二月と十月で、神は杵の音を聞いて去来されるといって必ず餅を搗く。能登半島の珠洲《すず》地方では、田の神の祭が特に慇懃で、春の神は白足だといって白飯を供え、春の田神は赤足だからといって赤飯を上げ、或は田の神様は久しく土の底にいて目が悪いからといい、食物を一々説明して供える風もある。九州ことに鹿児島県には、田の畔に田神の石像が多く、村々でも田の神といって二月と十月の丑寅の日に祭をする。二月には田に降り、十月には山に行かれるという。旧暦の九月にこの神を祭る例もよくある。つまりは稲作の始から終りまで田にいられる神と信じられていたのであろう。神の御姿は定まった像がなく、魚とか虫とかの形を仮りて、人に姿を見せられることがあるとも伝えられている。」　（『綜合日本民俗語彙』巻二）

「タノカミオクリ　田の神送り。愛知県南設楽《みなみしたら》郡では、九月三十日の神送りを田の神送りという。静岡市付近の村でも、やはり九月三十日を田の神送りと称し、以前は家ごとに餅を搗き、或は小豆飯を炊いて祝いごとをした（安倍郡誌）。農神が一年の役目を終えて、山または天上に帰られるということは、これまた日本の広い区域にわたっていうことであるが、その日は九州などではずっと遅く、十一月初の丑の日などといっている。能登半島のアエノコトは旧暦十月の初旬で、寒い方にくるにしたがって、少しずつその日が早くなっていることは事実であるが、これが鎮守の神の出雲行きに誤伝されたものとまでは、まだ断定するだけの資料はない。

新潟県の蒲原《かんばら》地方は二月十五日を田の神降り、福島県の会津地方では十二日、茨城県多賀郡では十日を田の神おろしという。旱天に松を竈《かまど》に焚き、臼杵の音をさせねばならぬといって、必ず餅を搗くことはどこも一様である。田の神様はその音を聞いて、天からお降りなされるといい伝えている。」

（前掲書と同じ、以上傍線傍点引用者）

これらの諸例のなかで、もっとも目につく山の神の特徴は、

「山の神は、春、田に降りて田の神となり、秋には山に入って、山の神となる。その輪廻の節となる時点は、二月と十月の組み合わせが一番多い。」

ということである。この「山の神・田の神の輪廻・交替」は、山の神に関わる日本民俗学の通説であるが、この現象の背後に潜んでいるはずの原理は、依然として欠落のままである。

私見によれば、本来、三支の結合のはずの三合《さんごう》の理が、二支でも成立するという法則のままに、その三支の輪廻は省略され、山の神祭りにみる限り、実際には亥と卯（旧十月と旧二月）二支の輪廻に終わっている。

そうして、この二支の輪廻、あるいは結合によって生じた木気の神の神名は、その輪廻のその時に居る場所によって決められ、

（生気）亥（十月）…西北・山……………山の神

（旺気）卯（二月）…東・木気の卯の正位・田…田の神となる。

これが、「山の神・田の神交替」の実相であって、山の神・田の神とは、三合の理によって、木気と化した「亥」と、本来、木気である「卯」の異称にすぎず、田の神・山の神は共に木気の神霊化なのである。

なお、この表の「卯の正位、即ち田」というのは、くり返しいうように木気とは五穀を含む植物全般を指し、田はその五穀を生じるところである、そこで二月という木気の正位の時間を、空間におきかえた場合、それは東であり、田である、という思考が内在してのことであろう。

〔2〕山の神の乗物

「京都右京区松尾神社では、正月上亥日、後には正月五日に亥狩の神事があって、追上式を行い、そのとき『大山祇神《おおやまつみのかみ》の奴婢、猪丸鹿丸を追上げ給へ』と祝詞《のりと》を奏上する。肥後八代郡上松求麻《かみまつくま》村では、猪は山の神の乗物だから、勝手に獲ってはならぬという。同郡河俣村でも同様。」　（堀田吉雄『山の神信仰の研究』四一六頁）

山の神の乗物は猪とか兎といわれる。本来、水気の亥としての山の神が猪に乗るのは当然であるし、三合の理によって木気と化した山の神が、木気の卯に還元される兎をその乗物とすることも、また自然の理である。

このような山の神の乗物という俗信からみても、山の神と、三合の法則の関連度の高さがわかるのである。

〔3〕二月・十月の組み合わせが十一月となることについて

上記事例の中で、時に二月・十月の組み合わせのほか、十一月が顔をみせる場合がある。それはおそらく、新穀の祭り、つまり十一月斎行の新嘗祭に引かれてのことであろう。

木気三合の成立には、二月・（六月・）十月の組み合わせが不可欠である。その法則が忘れ去られたとき、そこに他の考えもしのび込む。つまり旧十一月子月《ねのつき》の新嘗祭が思い出され、それと二月が安易に結びついた結果、二月・十一月などという組み合わせが出現するのではなかろうか。

しかし、大体において、二月・十月に山の神の祭りは、執り行われている模様である。

〔4〕サノボリ

先述のように卯月《うのつき》の「卯」は「茆」「茂」で、草を意味し、サノカミとされる。三合《さんごう》は半局《はんきよく》といって、くり返しいうように、正位のものさえ含めば二者だけでもこの結合は一応達成される。木局の場合、卯と亥、または卯と未の結合で木局は形成される。山の神（亥・十月）と、田の神（卯・春二月）は卯と亥の結合であって、木局はこれだけでも形成される。しかし完全なのは三者、亥・卯・未が揃うことである。そこで作神の輪廻には、亥↓↑卯に付け加えて、三合木局の墓気《ぼき》、「未」がほんとうは必要なのである。万物は、死があって生があり、生が旺《おう》じ、壮《さか》んになって死に、再び甦《よみがえ》る。この輪廻の象徴が「山の神と田の神の交替」であるが、この稲の輪廻は、この旧六月（未月《ひつじのつき》）のサノボリの祭事が付加されることによって一層確実にされるのである。

サノボリは未月で三合木局の墓気であり、当然、稲の神の神送りである。呪術上の神送りであるから現実の稲作の行事とは何の関係もない。サノボリの旧六月も田植の時期とはズレてはいるが、ややそれに近いために、田植後の祭りと誤認され、六月を繰り上げて田植の終わった頃に行われている地域が多いようである。しかし呪術であるサノボリは旧六月（未月）に行われることがその重大なポイントで、その未月を踏まえて行われなければ無意味であり、呪術的に無効なのであるが、淡路島仁井《にい》村をはじめ各地で旧六月にサノボリが行われているのは、呪術が根強く生きている証拠である。

山の神と田の神の交替点、亥月《いのつき》（旧十月）と卯月《うのつき》（旧二月）も、全くの呪術の季《とき》であって、それらは本来、稲作とは何の関係もない。しかし旧二月・十月は田作り・収穫など現実の稲作における折目節目に何とか接近しているので、その呪術性が目立たないのである。そこで稲作の現実に即しているかに見える旧二月・十月の組み合わせは、かなりよく守られてきたようである。しかしこれとても、そこにいろいろの解釈が差しはさまれて十月の祭は九月三十日に繰り上げられていたり、新嘗祭に曳かれた故か、十一月に繰り下げられている例も

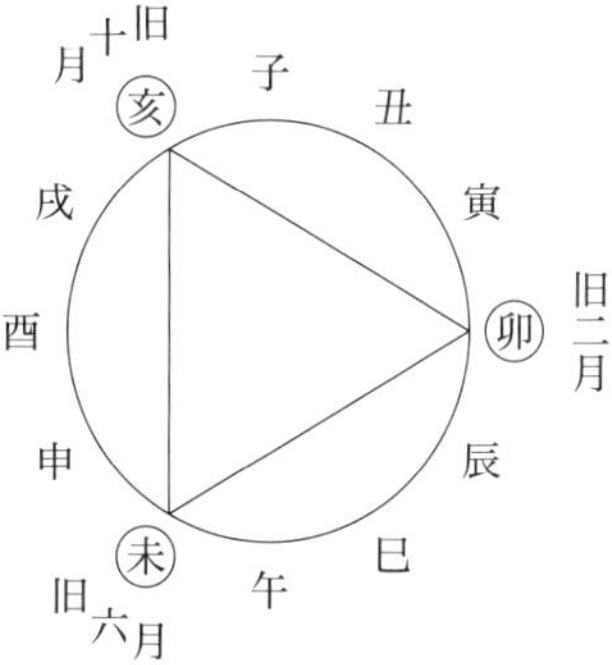

第35図　卯の三合木局と作神の輪廻
亥……生気（山の神）
卯……旺気（田の神）
未……墓気（サノボリ）

多いが、木気の稲の輪廻達成呪術は、本来、亥・卯・未の結合を措《お》いてはない。

次はそのサノボリの資料である。

「サノボリ　……サノボリは田植始めのサオリに対する語で、田の神の帰り上りたまう日という意かと思われる。……その方式には各地異同があるが、（高知県）幡多《はた》郡などのサノボリサマは、部落全体の田植の済むのを待って日を定め、近い田の一つを選んでそこに餅を供えて田の神の祭をする。……また広島県比婆《ひば》郡東南部のサナボリは、半夏《はんげ》の朝で、大釜の上に甘酒を供えて田の神を送り、また島根県では、小豆飯を炊いて大きな槇《まき》の葉に入れたのを膳にのせ、萱箸を添え、鯖と酒とで送るという（島根民俗再刊一）。……」（『綜合日本民俗語彙』巻二）

「サノボリモチ　淡路島の仁井村などのサノボリは、以前から旧暦六月十五日ときまっていた。この日サノボリ餅という餡をまぶした餅をこしらえる。秋田県や青森県の津軽地方でも旧例として、サナブリモチを作り、これを串にさして魚の鰭《ひれ》とともに、窓や戸口に挿す風習があった（外浜奇勝）。」（前掲書と同じ）

「サナモチ　和歌山県西牟婁《にしむろ》郡朝来《あっそ》村あたりで、六月子の日につくる小麦粉の団子、くりしば或は樫の葉に包んで水口に挿し田の神を祀る（民伝一四ノ八）。」

（前掲書と同じ）

「ホンサノボリ　部落内の田植終をそういい、兵庫県の美嚢郡・加東郡あたりでは、六月四日と決まっている村が多くある。美嚢郡では粽《ちまき》をつくり神に供えて祝うのであるが、一部ではこの日水向《みずむけ》といって戒名をもって近親で寺参りをする風もある（郡誌）。或は加東郡で、四日サノボリとも呼んで、一日を休むのである……。」

（『綜合日本民俗語彙』巻四）

2　支合の法則によるその変容

〔1〕「亥」の変化

「亥」は、支合《しごう》の法則を負って、この場合も三合と同様、木気と化《な》る。

すなわち、本来、「水気」でありながら、「寅」と出会い、これと結合すれば木気に変わる。

「亥」としての山の神は、この法則をそのまま受け継いで、同様に変容する。

亥の山の神が、寅に出会うとは、前述のように、この神が寅月、つまり旧正月に祭られることを意味する。

〔2〕「亥」の特質

「亥」には注目すべき二つの特色がある。

●三合

亥（十月）と卯（二月）↓木気　　卯…春分

●支合

亥（十月）と寅（正月）↓木気　　寅…正月

〔3〕山の神が重視される理由

三合・支合のいずれの場合においても、「亥」は木気となる。このような例は他の十二支には見出されない。

次に、亥、つまり山の神の祭りは、正月と春分を含む旧二月、卯月に行われる。つまり正月と春分の旧二月の両度にわたって、山の神は祭りの主役を演ずることになる。

昔の日本は完全な農業国家で、政治・経済の基盤は農業であった。五行において、木気は他の四気に優《まさ》って、作物を象徴し、また一方、海の鱗族《りんぞく》の象徴でもある。

●「寅」は木気の始、火気の始、一年の始め

●「卯」は木気の旺気・中枢で、春分の季《とき》

民生にとって最も重要な時の単位は、「一年」であるが、この年の始めの寅・卯は、それぞれ、木気の始めと、その旺気に当たる。したがって寅・卯は農業において、呪術的に重大な意味を持つ月となるが、この寅月・卯月に祭りの主神となるのが、山の神であって、年初、つまり、正月と二月の両度にわたって、その祭りが盛大に行われるのは、要するに山の神が、「亥」の特質を継承することに由来するのである。

終わりに、現在もなおさかんな初春の山の神祭りの報告、および民俗学事典の引用によって初春と春秋両度に行われる山の神祭りの実況を見、この推理を終える。

近江初春の山の神祭り

滋賀県湖南の蒲生《がもう》郡一帯には、年頭の山の神行事が濃密に分布している。

第36図　高野神社の神婚神事（田中義弘氏撮影）

永源寺町高野神社

一月二日午後三時半、紅葉で名高い永源禅寺近くの高野神社を尋ねる。丁度村当番の大神主（古沢茂則氏）が十一膳の神供を整え終ったところであった。二十一種の神饌は、栗・ざくろ・かや・ほんだわら・野老《ところ》・山の芋・干柿・柚子・大蜜柑・小蜜柑・洗米・小豆餅・栃餅・大平《おおひら》餅・小平《こひら》餅・普通餅……など眼にも美しい盛合せであった。これを小神主が本社と末社に供え、大神主は離れた王子社へ供えにゆく。大神主はモロト（室人）四人のうちより抽選で一名がえらばれる。大晦日から社務所にこもり、一年斎戒する。

午後四時十五分ころ、大神主は内陣に上り、大祓《おおはらえ》の祝詞《のりと》をあげる。すむと内陣より一対の神体を神前に下す。男神は松の木の四ツ股、女神は桜の木で作られ共に八

〇センチほどある。顔に当たる上端に白紙の帽子をかぶせ、胴下に性器が具《そな》わってい
る。大・小神主が二神を向いあわせて近づけると室人の一人が片口の甘酒を上から
注いでたらす（第36図）。これを〈事始め〉の神事といっている。他に誰も居ない
静寂の中で素朴な儀式であった。

日野町大屋神社

一月三日午前八時、日野ゴルフクラブの東に当たる杉の大屋神社へゆく。立派な
門松を飾った入口から参道を進むと、石段上に拝殿があり、さらに数段上に彫刻の
見事な本殿がある。左右に末社が並ぶ。

拝殿をとりまいて杉、杣《そま》、川原三ケ字の戸主が総出で苞《つと》と大注連縄《しめなわ》を作ってい
る。三地区合わせて一五〇名位が奉仕する。二把の稲束を四遍返しにして川原の玉
石を入れて手さげつきの球形の苞を作り、フクラソウの青葉をそえる。一ケは山の
神に捧げ一ケは自宅へ持ち帰り柿の木などにさげる。豊穣を願うシンボルにあた
る。山の神の苞は約五米の葉を払ったカナ木（地元でコウカンボーという）の枝に
結んで他区（杣と川原）の人たちは帰宅する。大縄が出来上がると年寄りの一人が
縄を両手で測り――一尋《ひろ》・三尋……十二尋・十三尋、ワセ・ナカ・オクテ豊年でご

第37図　大屋神社の山の神祭り（上）神木の根もとに巻きつけられた大縄と朴の木で作られた「山の神の雌雄」（下）「カラス呼び」の神事。手前に三宝の餅。社守が神木に向かって発声している（三石稔氏撮影）

ざいますと大声で呼ばう。

やがて榊を持つ神主を先頭に、朴の木の双体神（約30cm長）を三宝にのせて運ぶ社守、山の神餅（楕円の白餅）を運ぶ氏子総代のあと八米ほどの大注連縄をかつぐ人々、朴の木をひく人々の行列が、参道から外へ出て道を東に二百米ほど進んだ山の神の森へ向かう。道路から二米ほど左へ入った森の中にある二本の神木の根に大注連縄を二回めぐらし、朴の木は横に置く。村人は路上に横一列に並び、神主が祝詞をあげ、社守・総代らが参拝する。社守が三宝の餅を持って森の北東のアキの方角の田の畔（森より30米位）へゆき、神主はひとり神社の鳥居まで帰る。やがて社守が叫び、村人が応唱する。神主も叫び、村人の唱和が左のようにつづく。

社守「かかりよった」
村人「エンヤラヤ」
神主「ワセ・ナカ・オクテ」
村人「エンヤラヤ」
神主「今年の作り物皆よかれ」
村人「エンヤラヤ」

と三角三方で発声する。かかりよったとは鳥が山の神の餅をくわえたことを意味し、他所の鳥喰みを示す。神主の声は森からの神託のように聞こえる。能のシテとワキとハヤシのような応唱がこの山の神神事の終りを迫力ある印象深いものにしていた。

蒲生町大塚の山の神

　ここの山の神祭場は日野鉄道のあさひ大塚駅前にある。祭りは三日の午前に行われ、我われの尋ねた午後一時ころは終了していた。祭場の二又の松の木の根元にオタイ・メタイ（約90㎝）の一対がまつられ、神饌と稲の穂二束が供えてあった。大きなオタイ・メタイの双神を作るのは蒲生町、竜王町、などに共通している。同じ三日には、この附近の大森、上麻生、下麻生、鋳物師《いもじ》などでも早朝の午前四時、午前七時頃から山の神行事が行われていた。水口町にも山の神は多い。

（田中義弘「近江の初春見学――山の神など」『まつり通信』第三三七号所収、一九八九年二月）

初春、および春秋二回の山の神祭り

「山の神

　山仕事をするものを守護する神の名。……伝承による山の神の性格づけはまことに多様である。性別に拘泥して、あるいは男神とし女性神とする。猟師なかまでは、武力によって神を助けた男神だとする話もあり、また女性神である山の神の出産を助けたために、福徳を授けられたという伝えもある。木地屋のように夫婦神として信ずるものもあり、山の神を十二様とするところでは、一年に十二人の子を生む女神とみている例が多い。総じて、山の神を女性神とする分布が最も広くかつ濃い。山の神が農山村民の守護神として信仰されるところから生産機能に注目されての山の幸や野の幸を産み出す産霊神へと転化したからであろう。そこから女性神としてのイメージがクローズアップされ、女性を嫌う神とか男根を供えて豊作の祈願とするなどのことが始められたのであろう。民間の山の神祭祀を通観すると、その祭日は大きく二つの類に分けられる。一つは正月年頭の初山入り・初山踏みで、もう一つは、春秋二季にほぼ定期的に催される山の神祭である。前者は初山仕事ともいわれ、年頭に初めて山入りし、山神に神酒や鏡餅などを供えて神拝したのち、一束か二束の薪を伐り、また小正月の繭玉づくりの枝などを担いで帰る。これに対し春秋の山の神祭は、炭焼・樵夫などの山仕事のものが執行する。このときオコゼと称する海魚を献進する。講仲間が山神祠の前で祈念を捧げたのち、山を下り、ヤドで盛大な宴を張る。そして以後山へ入ることを厳重に忌む。この日は山の神が春には木種を撒《ま》き秋にはそれを刈りとられるから、邪魔をしてはならない。もしこの禁を破ると思わざる大怪我をする、また神罰があたって目がつぶれるなどという。この日には山の神と田の神との交代が行なわれるといって祝い餅を搗くところもある。」

（大塚民俗学会編『日本民俗事典』）（傍線引用者）

3　猪が犬にまさる理由

犬と猪とでは、山の神としてどちらが適格かといえば、もちろん、猪（亥）であるが、ここでその理由を改めて考察したい。

本章冒頭において論じたように、先天易で「艮《ごん》」☶、山は、西北の「戌亥《いぬい》」に配当される。したがって、戌亥、すなわち、犬・猪は共に「山」であるはずであるのに現実では「亥」が真正の「山」として扱われるのに対し、「戌」はそれに準ずるものとして、副の位におかれている。正倉院の石板彫刻の例に徴《ちょう》しても、それは明らかである。

先人たちは「亥」を、「戌」よりも、山の神にふさわしいと感じたから、亥を山の神として撰択《せんたく》したのである。

犬猪は十二支の戌亥である。したがってこの犬猪は十二支中の戌亥が負う法則をそのまま受けつぐから、十二支における戌、および亥の本質をみれば、犬と猪の意義も自然に判然《はっきり》することになる。

そこで次に戌と亥の本質を、五行の法則に照らして概観する。

〔1〕五行における「戌」と「亥」

①「戌」の特質

「戌」の特質については第38図（次頁）のごとくであるが、これを綜合すると、次のようになる。

本性……………金気
火の三合…火気の墓
土の三合…土気の旺
支合………火気

犬は「金畜」といわれるように、その本質は「金気」、三合・支合では「土気」あるいは「火気」となるのがその特質である。

②「亥」の特質

「亥」は第39図（一八八頁）で示されるように、

水気の生（はじめ）…方局
木気の生（はじめ）…三合

火気三合の「戌」
寅……生
午……旺
戌……墓

金気方局の「戌」
申……生
酉……旺
戌……墓

支合の「戌」
戌卯…火

土気三合の「戌」
午……生
戌……旺
寅……墓

第38図

木気…………………支合

である。

山は生物にとってもっとも必要な水の源であって、古来、日本人は山から流れ出る水を田に引いて農耕に励んできた。

一方、山は草木を養い育てる処《ところ》でもある。つまり山の山たる所以《ゆえん》は、もっぱらこの水源と、草木涵養の二点にしぼられ、それは他の多くの意義に冠絶する。

水気は水一般、木気は植物一般を統《す》べるから、この水気、木気の初発《はじめ》、すなわちその生ずるところが「亥」ということは、山の水の源、あるいは山の草木の生命の初発も、すべて「亥」の負うところとなるわけである。

これを第38図でみられるとおり「戌」の

金気……方局
火気……三合
土気……三合
火気……支合

と比較するとき、「亥」がいかに格段に山の神として適《ふさわ》しいか、一目瞭然であろう。

「亥」は「山の神」として絶対不動の地位を確立し、「戌」を「それに亜《つ》ぐもの」と

木気三合の「亥」

亥……生

卯……旺

未……墓

水気方局の「亥」

亥……生

子……旺

丑……墓

支合の「亥」

亥寅…木

第39図

して、はるかに引き離すに至った。

以上が、「山」を意味する西北に共に在《あ》りながら、亥（猪）が山の神を独占するに至った経緯の推理である。

〔2〕樹木の神としての山の神

「亥」としての山の神は「水の始」「木の始」を掌《つかさど》るから、山の木の種を蒔く、木や切株を数える等、山の樹木に関する伝承、信仰が特に顕著で、そこにはしばしば兎も顔を出す。

それらはすべて、亥・寅の支合、亥・卯（兎）・未の三合《さんごう》がしからしむるところで、理の当然なのである。

以下はそうした樹木や兎に関する民俗資料である。

「ヤマノカミノキカゾエ　ツメすなわち暮の十二日には、山の神の木数えが行われるとて、岩手県上閉伊《かみへい》郡遠野地方などでは、この日山にいかぬことにしている。山にいけば、木に数え込まれてしまうという（遠野物語）。」

（『綜合日本民俗語彙』巻四）

「ヤマノカミノキダネマキ　春または秋の山神祭の日を、新潟県東蒲原郡では山の神の木種蒔き、京都府丹波地方では山の神の種蒔きと呼んで、山に入るのを忌む。山の神のネアラタメ、またはソウキアラタメという土地もある。当日は忌み籠って、山の神を斎うべきものとされたのである。」（前掲書に同じ）

「ヤマノクチコウ　山の口講。滋賀県高島郡朽木《くつき》村では、二月、十月、十一月の九日は、ともに山の口講で、二月のは種蒔き日、十月のは切株数えと説かれ、当番が米を集めて白餅をつくる。この日山にいって白兎に逢えば死ぬと信じられ、山いきを忌む（近畿民俗旧一ノ五）。」（前掲書に同じ）

「近江高島郡牧野町上開田では、十一月九日に、山の神の使の白兎が種を拾い、正月九日に種をまく、といっている。この両日は山の神の日として、若者組が村へ休を請うて業を休み、山へ入らぬことになっている。同朽木谷では山へ入って、白兎をみると死ぬといって恐れる。山城愛宕郡花背村別所でも、二月と十一月の九日を山の口といい、初春の山の神の日は、白兎が稲の種をまき、秋の日は稲の落穂を拾うという。それで、白兎はけっして捕えない。もし犯せば怪我をするか死ぬ、という。……若狭三方郡美浜町新庄でも、兎を神使といい、山へ行って兎にあうと、十二月九日の祭日には、はねとばされるから、山へ入ってはいけないという。」

（堀田吉雄『山の神信仰の研究』四一五―四一六頁より要約）

〔3〕山犬（狼）の信仰

民俗信仰の中では、山を象徴する「戌」は山犬、すなわち狼として信仰されている。

前述のように山の神の適不適については、これを五行の理論からみれば、「亥」すなわち猪が、「戌」の犬よりはるかにまさるのである。

しかし現実の山の獣では、猪より狼の方がはるかに強い。しかも「戌」は「亥」に種々の点で理論的には劣るにせよ、亥とともに山の象徴たることにおいて変わりはない。

そこで、亥に亜《つ》ぐものとして戌も山の神に数えられ、その際には山に棲むもの故、普通の人里に飼われる犬ではなく、山犬、すなわち狼がオイヌとか大口の神として信仰される。

次の引用は諸地方における狼信仰の実例で、このうち古来、特に著名な狼は、秩父三峯《みつみね》神社の大口真神である。

上州吾妻郡六合《くにむら》村の場合は、山犬の信仰が、亥の神、すなわち十二山の神と習合している例として注目される。

「山犬、オイヌ、オオカミは同類とみられる。東北地方でオオカミといわず、オイヌというのはその霊威によると思われる。秩父の三峯、遠州山住では、狼を大口真神として、その姿を描いたお札を神棚や門口にはって盗難よけ、疫病よけの護符とする。

信州などでは、狼が山で仔を産むと、ウブヤシナイといって、団子や餅を重箱に入れて、狼の穴の入口においてくるという風習があったという。こういうオイヌサマの産見舞は、相模遠江三河辺の山村にも古くはあった。殊に秩父の三峯では御産立（ヲコダテ）の神事として大切な儀礼であった。上州吾妻郡六合村入山でも、ヤマイヌは十二山の神のお使いで、先頃まで、ヤマイヌが山で産をしたといって、赤飯をもって見舞にいったという。

お産ということが山の神の大切な主管事項であるためか、神使までがお産のことをやかましくいうのは興味ふかいことである。」

（堀田吉雄『山の神信仰の研究』四一三―四一四頁より要約）

第三章　山の神祭りとその周辺

一　カラス祭り

1　御田神社の烏喰神事

正月の「農事始め」、「初山入り」、あるいは二月の「祈年祭」の折に、烏《からす》を呼んで餅の小片を喰《く》わせる行事は、烏喰神事《おとぐいしんじ》、烏よび、烏まつりなどと名づけられて現在もなお簡略化はされながら見ることができる春の祭りである。

多くは民間行事であるが、神社に付属する祭りとしては厳島神社の「烏喰神事《おとぐいしんじ》」、熱田神宮の末社の御田《みた》神社の「烏喰神事《からすぐいしんじ》」がとりわけ有名である。

この熱田の烏喰いについては、寛政九年（一七九七）刊の『東海道名所図会』（巻三）に、その挿絵（第40図）とともに、次のような説明がある。

「二月初未日午刻　御田神社供御幷に烏喰《からすくひ》の事〔割注〕俗に烏祭といふ。これは神事いまだはじまらざる前《まへ》、大宮祭文殿の前に、祝座長外に壱人平餅をもて烏を呼なり。此餅を烏の喰ざるかぎりは、此神事を始めず。これによつて七日已前より御饌《みけ》所《どころ》にて餌飼し侍るなり。次に東西六社合て十二社の祭をとしこひ祭といふ、年災起

第40図　熱田の烏喰神事（『東海道名所図会』巻三）

らず、時令順度ならしめん為めの神祭なり。いにしへ尾張の国司国幣を奉られし余風にして、巳の夜の供御より未の日御田の祭に至るまで故実多し、口伝ありしとぞ。」

この祭りの特徴は二つ、すなわち、

●神事の開始前に行われること

●烏がその餅を食って、はじめて祭が斎行される

ということである。

その祭りとは祈年祭《としごいまつり》で、春分の季《とき》に当たり、季節の順当な推移、年穀の実りを祈るのであるが、その祭りの開始前に、烏が餅を食うか食わないか、が重要問題となる。それというのも烏は神の使いなので、その烏が供えられた餅を食うことは、神がそれを嘉納《かのう》し、その祭りは神の意に適《かな》ったものとされるので、この烏食いの後にはじめて祈年祭が執《と》り行われる、というわけであろう。このような解釈も当然、成り立つものではあるが、なお疑問も多分に残る。

つまり、もし烏喰いが純粋に神意を問うためのものであるならば、この説明にあるように七日も前から餌付けすることがあるだろうか。御饌所《みけどころ》で烏を飼うとは、烏を適当に空腹にしておいて、祭りの当日には餅を必ず食べるように仕向けるための予備工

作と受け取られる。昔の人の信仰心からすれば、何事も自然にすることが尊ばれ、人為的な準備や手段を弄《ろう》してまで、神意を問うなどということは到底考えられない。

さらにこの鳥喰い神事は、二月（卯月）の未日である。卯・未の「合」は、木気を生ずる。しかもこの鳥喰い祭りは二日前の巳・午日の開始で、「未」の日を待つという周到さである。単に神意を問うものならば、こうまでして木気の成就を期する必要もなさそうに思われる。

この木気の成就に伴い、祈年祭の開始前に是が非でも餅をカラスに喰わせねばならないという思いが、かねてカラスを飼うという人為的手段をも講じさせるのである。烏喰神事の意図するところは、従来の解釈をはみ出すものではなかろうか。

この神事は、神社よりむしろ農村に多くみられるので、以下諸資料によってその実際を探りたい。

2　カラス祭り資料

資料(一)

「鳥類のうちで、神使の栄誉を荷っているのは、カラスだけのようである。カラスは非常に賢い鳥であり、その一種はよく人語を真似る。その羽色の黒いこと、その鳴声の異様さから一種神秘的な鳥と古来から考えられてきた。それは洋の東西を問わない。従ってカラスを山の神の神使と考えることは、東北の陸奥から西南の日向まで、各地に及んでいる。陸奥三戸《さんのへ》郡館村では正月八日の朝、カラス呼びということをする。陸中二戸《にのへ》郡浄法寺《じょうぼうじ》村でも同様。伊豆式根島でも、カラスは十二山の神のお使いという。周防吉敷《よしき》郡秋穂《あいお》の山神社でも、小鴉の神事がある。お供えの団子を神使とみられているカラスに喰われることによって、作の豊凶を判断することは、東北の場合も同様である。カラスが餅や団子を喰わぬと凶事なのであった。

厳島神社のお鳥喰い（ヲトグイ）の神事も有名である。日向の米良地方でもカラスは山の神の使で、焼畑をする時に山の神に折かけ樽とシトギを供えて、神の許しを乞う。その際、神使のカラスにもシトギを供するという。」

（堀田吉雄『山の神信仰の研究』四一六頁）

資料㈡

「カラスガミ　兵庫県上芦屋に烏塚というものがあって、正月四日山の神祭に参る前にこの塚に詣り、頭屋《とうや》が裸身で大きな餅をくわえて、三度烏の身振りで塚の周りを廻った。そのときの唱え言は、

カアカアカア
山の神のさいでんぼう
であったといい、子供の行事として紹介されている（人類二五八）。
烏を正月の鍬入れ《くわい》（山始め）の時に招き寄せることは全国一般で、カラスが供物を食べれば神が嘉納されたものと認めていることが多い。」
（『綜合日本民俗語彙』巻一）

資料㈢
「カラスカラスノヒ　茨城県那珂《なか》郡大宮町では、正月六日をヤマイリ、十一日をハタイリの行事としているが、ともに烏々の日といい、三ケ日の残り餅を食べる（民伝一五ノ五）。」
（前掲書に同じ）

資料㈣
「カラスヨビ　栃木県河内《かわち》郡では、正月十一日の未明に、家の後の畠に三つ畝を立て、三ケ処に白紙を敷いて米を供え、少し離れて大声で、烏こい烏こいと呼び、その三つの米のいずれをまず啄《ついば》むかを見て、その年に蒔《ま》くべき稲の早、中、晩を占い定める（民族二ノ二）。

これと似た風習は東北に多いが、福島県石城《いわき》郡などのは米でなく粢《しとぎ》で、烏を呼ぶのにもオミサキ、オミサキという。……この烏喚びの日は大正月には七日か八日、小正月には二十日か二十一日に一定していて、二度以上これを行う所が多い。いずれも共通していることは、このときわずかの薪を伐って来て、それをめでたい火に焚くことである。

神の供物を烏に与え試みる方式は、トリバミ神事と称し関西にも多い。大和の南部では旧十二月二十六日に、食物を土器に入れて草の上に置き、また苞《つと》に入れて木の枝に掛け、或は高く投げ上げて烏に与える。」（前掲書に同じ）

資料㈤

「カラスダンゴ　烏団子。㈠二月八日のコトの団子を、山形県東村山郡でいう。その前夜にこの団子を家内の者の数だけ、みず木の枝に刺して家の表と裏口との外に立て、烏が翌朝までにそれを食っておれば無難、何か変事のある家の団子は食わぬという。これをヤクジンヨケ（厄神除け）というのを見ると、もとは占いよりも祈願に近かったのである。

注意すべきは、この団子に添えて、唐辛子を一本と、一枚の附木《つけぎ》とを下げる。その附木には顔を描くが、これにはときどき、眼を一つにかくという。

正月四日のノサカケにも烏を呼ぶが、これは山の神の御使と考えられている。そうすると二月八日の一つ眼の神も、もとは山から降って来るように考えられていたものかもしれない。

(二)宮城県牡鹿《おしか》郡大原村では、十二月八日に神様が京にのぼると称して、団子をつくり、串に刺して浜辺に立てる。この団子を烏団子という。」（前掲書に同じ）

資料(六)

「正月十一日農初めの時、烏を呼び、餅その他の食物を食わせる行事は、古来より今に至るまで諸処にみられる。相模国足柄上下両郡にみる烏呼び行事は、一月二日の『仕事始』、四日の『初山』両日の何れかに、餅の小片を烏に供える。

同郡松田町では二日に田や畑を二タ鍬・三鍬掘り起した後、その土の上に紙を敷き、餅を数切おいてくる。

同郡山北町の農家では、四日の『初山』に、烏に食わせるため、二切れの餅を持って山に入り、適当な場所に置いて来る。烏が早く食べるほど好いという。

同郡片浦村では、初山の日に鏡餅を細かく切ったもの数個と神酒とを携えて山に行き、適当な場処に餅を供え、神酒は自分で飲んで帰ってくる。

烏を呼んで餅を与える行事は、小正月にもあり、遠野物語によると、餅を細かく切って桝に入れ、日の落ち切らぬ前に子供らが外に出て烏を呼ぶ。

同郡江ノ浦では、一月と十月の山の神祭日に、白餅と掛の実を供える。この餅を烏が食えば『山の神様のお手がつく』といい、早くお手のつくのをよろこぶ。」

（武田久吉『農村の年中行事』「烏よばり」より要約）

3　各資料の要約と整理

資料㈠（陸奥――日向）

カラスは賢く、色は漆黒、神秘な鳥であるため、北は陸奥、南は日向に至るまで、山の神使とされる。

正月、カラスに餅や団子を供え、それを早く食われるのを「吉」とする「カラス呼び神事」が各地で行われる。

資料㈡（関西）

正月、山の神祭りで、カラスが供餅を食うのを「吉」とする。

資料㈢（関東）

正月、「山入り」行事で、正月の餅を食わせる。

資料㈣（関東）

「カラス呼び」といい、正月の行事、畠《はたけ》の三所に紙を敷き、米を供え、カラスを呼び、その三ヵ所のうちのいずれをまず啄むかを見て、その年に蒔くべき稲の早・中・晩を占う。

資料㈤（東北）

二月八日の「コトの日」の「コト団子」を家の外に出し、カラスが翌朝までに食うのが「吉」とされ、占いというよりもこれを厄除《やくよ》けとする。この団子に、唐辛子一本を添え、また附木一本を下げ、これに一つ眼の顔を描く。

資料㈥（関東）

正月、「農初め」または「山の神祭り」に、カラスを呼び、餅の小片を食わせる。その際、紙を敷き、早く食うのを「吉」とする。

4　「カラス祭り」劇

時……旧正月（多出）・旧二月

処……山中（多出）・畠
主役……カラス
側役《わき》……餅・飯米
小道具…白紙・唐辛子
テーマ…？

そのほとんどが山の神の祭りに付随する日本農村地帯の「カラス祭り」を、芝居に擬《もど》いてみれば、ザッと右のようなことになろうか。

いずれにしても日本の北から南まで、一律にこのような設定がみられるのである。この一致の背後には、何か非常に重要で、動かすことのできないこの行事の意図するところ、つまりテーマが潜んでいるように思われる。

従来の解釈のように単に神がこの祭りを嘉納されるか否かの占《うら》であるならば、他の場合に行われてもいいはずであるし、主役の鳥がカラスに限定されたり、小道具が餅・飯米に限られる必要もない。春に集中していることも気になるところである。

百歩ゆずって、カラスが神使ゆえというならば、何故、カラスが神使とされているのか、そこまで、探求する要があろう。

そこで以下、順を追って、カラス祭りの行われる「時」の推理からはじめたい。

〔1〕カラス祭りの「時」の推理

「カラス祭り」は、「山の神の祭り」にもっとも多く付随するが、この山の神の祭りは、山の神の本質が、「亥」であるために、十二支の亥が負う原理を、そのまま反映して執り行われる祭りである。これは第二章で縷々《るる》述べたところであるが、くり返せば、「亥」の作用は図式にすれば次のとおり。

●亥・寅……支合＼　　　｛植物総元締（年穀・樹木を含む）
　　　　　　　　　　木気
●亥・卯・未…三合／　　　｛春（寅月・卯月）

「亥」はこのように二種の「合《ごう》」によって木気に変ずるが、木気は春であり、植物の総元締なので、寅・卯の両月における山の神の祭りは、農村にとって最重要の祭りとなる。したがって、山の神の祭りとは、この亥の神の木気への変身を無事に遂げさせる祭りともいえよう。

正月は寅月、すなわち木気なので、木気を大切にしない限り、正月は来ない。そこで山の神の祭りをまつまでもなく、人は山に入り、「松迎え」といって、年の内から常緑樹を伐《き》って来て、家の内外を木気の青色で一杯にして正月を迎えるわけであるが、特に山の神の祭りの場合には、よりよく木気を迎える有効手段として、積極的に「木気を扶《たす》ける呪術」を行う。

「木気を扶ける呪術」とは、前記の「松迎え」もまさにそれで、木気の正月と同気の青い常緑樹（地方では松に限らない。松も含めて一年中青い樹）を山から迎えてくれば、これすなわち立派な「木気を扶ける呪術」である。これはいわば木気という味方を増やして、正月を扶ける呪術。正月の神はたとえ人間ならずとも、自分の味方が多勢いるところには、心浮き浮きでやってくるに違いない。正月様は、門松とか、神棚・大黒柱にたくさん取り入れられた青々とした常緑樹に迎えられて、イソイソとやって来る。

これは私どもの先人たちの考え方で、こうして彼らは正月を迎えたのである。しかし彼らの考えには、まだ先がある。

「扶《たす》ける」というのは、何も味方を増やすことだけがすべてではない。

木気の正月に、もし敵があるならば、その敵を撃《う》ち攘《はら》うことも立派な加勢である。人間同士の戦《いく》さだってそうではないか。背後にまわって、その敵を撃ってやることの方が、はるかに効果があがることもある。

ところで木気の敵は金気。「金剋木《きんこくもく》」という法則があるからである。木気の正月の敵が金気なら、味方の木気を増やす以上に、この金気をやっつける方が、より一層効果的ではなかろうか。

村人たちにとって木気は正月の神であり、作物の神であるからもっとも重要な神様である。亥の神の山の神を祭るのも、「亥」が、「寅」や「卯」と合して、木気となるからである。

そこで木気の正月の神、およびこの木気に変容「する」、あるいは「した」山の神を扶けるにはどうしたらいいか。それは金気を撃つこと、剋することである。

このような村人の心底を考えるとき、一つの推測が自然に泛《うか》び上がってくる。それは山の神の祭りに、必ずといってよいほど付随している「カラス呼び」こそ、神事という名の一種の仇討《あだうち》芝居であり、今風にいえばパフォーマンスではないかということで、そうなれば問題となるのは主役のカラスである。

〔2〕カラスの推理

●太陽に棲む三本足のカラスの謎

古代中国皇帝の礼服を袞冕《こんべん》十二章という。日本天皇の礼服もこの踏襲であるが、中国皇帝のこの礼服の起源は非常に古く、王宇清氏によれば、尭《ぎょう》・舜《しゅん》にまでさかのぼるものとされる。十二章とは十二種類の紋様の意で、国家統治の理念を示し、この礼服はその結果、王権の表章・レガリヤとして知られる（詳細は拙著『大嘗祭』一四五頁以下を参照）。

この紋様の筆頭は左右両肩におかれる日月であるが、その日の中にすでに三本足の烏がみられる。その状況を表示すれば次のとおり。

●日…太陽…陽気の集積…火に還元　象徴物　三本足の烏
●月…太陰…陰気の集積…水に還元　象徴物 ｛蟾蜍／兎｝

太陽の中に棲む三本足のカラスの謎は、古典についてみてもあまり明確ではない。参考になるのは次の各説である。

『説文解字注』（段玉裁）
「烏字點レ睛、烏《ハ》則不、以二純黒一故不レ見二其睛一也」

【意訳】
「烏はその色が黒いので、遠くからみるときは眼を見分けることが出来ない。そこで烏の字の一画を省いて、その意を表す。象形文字の所以である。」

つまり全身黒いカラスは、遠目にはその眼の在処《ありか》もわからないので、眼を欠いているようにみえる。眼を欠いているところを空白にして表現したのが、「烏」字、ということになろうか。

『五経通義』

「陽《ハ》以《テ》レ一《ヲ》起《リ》、故《ニ》日《ハ》行《クコト》一度、陽《ハ》成《ル》二於三《ニ》一、中《ニ》有二三足烏一、…日《ハ》火《ノ》精陽気也、外熱《ク》内《ハ》陰、象《ル》二烏黒一也。」

【意訳】

「易の『乾』☰は、まず⚊からはじまり、☰で成卦する。『乾』は陽卦である。太陽は一日一度行き、陽の乾卦は☰で成る。すなわち太陽の中に三本足のカラスがいる所以である。日、即ち太陽は火精、つまり火の集積である。その『火』の卦は☲、つまり外側が熱く、内側は暗い。これはカラスの黒色を象《かたど》ったのである。」

●〈私見によるカラスと太陽の関係〉

象形文字としての「烏」字の成立に関する『説文』の段注は十分に納得できる。

しかし次の『五経通義』の解釈はどうだろうか。

たしかに『易』の火（離）卦☲は、外側が陽で明・熱、内側は陰で暗・冷である。しかしこの内側の暗さ、すなわち黒がカラスの黒色を象る、という説明は意味不明で、もう一つ迫力がない。

それよりも、「烏」字にみられる点睛《てんせい》を欠く空洞と、火卦にみられる真中の空洞☲が重ね合わされて、つまり（烏、☲）ということで、

●烏、即、火
●火、即、太陽

となり、カラスが太陽に棲むものとされたのではなかろうか。

三本足の理由は、はるかに簡単である。

●陽は奇数
●陰は偶数

したがって、太陽に棲むカラスが二本足では困るわけである。要するにはっきりした理由もわからないまま、数千年前の昔から、「日の中には三本足のカラスが棲む」ということになっていたのであろう。

こうしてカラスは文字どおり、火の鳥として太陽神を皇祖とする日本では格別に神

聖視され、八咫烏《やたからす》は天照大神《あまてらすおおみかみ》から特に派遣されて、神武《じんむ》天皇を嚮導《きょうどう》してその危急を救い、祭神として大和の神社に奉斎されるに至る。あるいは熊野那智大社の牛王宝印《ごおうほういん》は烏点をもって描かれるなど、その霊威はすべてその本性の「火」に帰せられるのである。

〔3〕餅の推理

果実・豆類・穀物等、丸く堅いものは、「金気」に還元される。たしかに稲・麦・大豆など、田畑にいるときは青々としていて「木気」に配当されるが、堅く結実したものは金気。またそれを原料として精製された餅は白く堅いので、やはり金気と見なされる。白米も同様の考えによって金気、その白米を原料とする白いシトギもやはり金気として扱われる。

日本の迎春呪術として、大豆をはじめ穀類が大量にいためつけられる例は、既刊の『陰陽五行と日本の民俗』にいくつか挙げてあるので、ご参照いただければ幸いである。

〔4〕「火剋金」の法則

以上をまとめると「カラス呼び」において、

●カラスは…火気
●餅・米は…金気

である。

「火気」と「金気」の関係は、

●火剋金

に限られるから、これは明らかに正月、あるいは二月の春において、木気の敵としての金気を剋殺する意図を持った行事と解される。つまり日本の農村の正月・二月の山の神祭りに付帯する「カラス祭り」は、「火」を以て「金」を撃ち、それによって「木」を扶《たす》ける、という間接的迎春呪術である。

六つの例の中で、この呪術がもっとも精密に行われているのは、東北地方の資料(五)にみられるもので、ここでは唐辛子が添えられている。五味のうち、香辛料を含む辛味のものは、すべて金気に還元されるので、唐辛子の添えられた団子は、金気が増量する。多量の金気をカラスが処分してくれれば、それだけ木気は扶けられることになろう。

〔5〕迎春呪術としての「カラス祭り」

一九八九年一月三日、田中義広まつり同好会会長に同行して、滋賀県蒲生郡日野町の大屋神社の山の神祭りを見学した。

同会長の要を得たこの報告の委細は、本書第二章一七九頁以下に転載させていただいたが、この「カラス祭り」を書き終えた今、一層の感慨をもって思い出されるのは、この見学記の最後に収録されている神職と村人たちの唱和である。

社守「かかりよった」
村人「エンヤラヤ」
神主「ワセ・ナカ・オクテ」
村人「エンヤラヤ」
神主「今年の作り物皆よかれ」
村人「エンヤラヤ」

田中会長が書いておられるように、この朝、早くから神社に集まった人々は正午前までに社頭で大注連縄《しめなわ》をない上げた。この縄と雌雄二体の山の神のご神体を、神社東方の山の神の森に運び、縄は神木に巻き、ご神体はこの木の根元に遷《うつ》し、供饌《ぐせん》して各自、拝礼。社守が五〇メートルほど向こうの恵方《えほう》の田に、三宝の餅を運んで行った。

やがて呼吸が合ったのか、社守が、

「カカリヨッタ」

と発声する。それをきくと、私の背後に並んでいた村の人たちが、一斉に、

「エンヤラヤー」

とはやす。つづいて神主の、

「ワセ・ナカ・オクテ」

の声に和して、またもや、

「エンヤラヤー」

の合唱。

突然起こった「エンヤラヤー」の唱和は、何のことかわからず、本当に驚いた。ようやくそれらの意味がすべてわかったのは、祭りの後であったが、風もない穏やかな近江の原野に響く神主・社守・村人の唱和・応唱はわずか数分のことではあったが、その印象は一生の思い出となるほどのものであった。

田中氏が記されているように、これは能のシテ・ワキ・ハヤシにも比されよう。ここではカラスが餅に喰いついた、と仮定して囃《はや》し、秋の作柄がすべてよかれと祈る形式になっていて、占《うらな》ってはいないように思われる。ただ、途中が抜けているだけ

である。その「途中」とは、「カラスに餅を食いつかせて、木気を助長させる。だから作物は皆よく出来るはずだ、そうあってほしい」。これが「皆よかれ」の意と解される。村人が、それをエンヤラヤーといって加勢する。

しかし大方はこうは行かない。最初の意味は何であれ、神事は多くの場合、占《うら》の方向に向かうのである。占となれば烏喰神事《おとぐいしんじ》も時を構わぬものとなり、春の行事であったことは忘れられて、四時にわたり、随時行われることになる。厳島神社の「烏喰神事」は、その好例である。

〔6〕占としての「カラス呼び」

『芸備国郡志』厳島

「島之四方有二八浦一其内七浦有二小社一、凡詣二厳島一者、伴二社司一両輩一、乗船廻二七浦一、毎レ浦祭二其小社一、或祈レ福或祈レ寿、是称二島廻一、東始レ自二杉浦一、歴二鷹巣、腰小、藪崎、山代浜、青苔、須也一、以終二御牀一。始登二杉浦一喫二朝食一、青苔浦喫二午飯一、須也浦喫二白餅一、御牀浦読二祭文一藪前浦不レ登二其岸一、載二粢盛於木椀一自二船中一浮二海面一社司吹レ笛一声、干レ時霊烏一隻、自二山上一飛下食二其粢盛一祈レ之者喜以為二神享レ之也。」

【意訳】

「厳島神社には島の廻りに八浦があり、その中、七浦には小社がある。参詣人は社人を一、二名伴って、舟を出し、各社に参詣して、食事など摂り、小憩する。藪前《やぶさき》浦では上陸せず、団子をのせた椀を海に泛べ、社人の笛につれて一番の霊鳥《ひとつがい》が山から降るのをまつ。その団子を烏が来て食べれば神が願をきき届けられたといってよろこぶ。」

二　陰陽五行と迎春呪術

「烏喰神事」あるいは「カラス祭り」は、いずれも迎春呪術《じゅじゅつ》と解されるが、その真意は忘れ去られ、福占いへの道をたどることにもなるのである。

迎春呪術に私がこだわるのは、既刊の書においていく度か説いているように、古代中国における迎春呪術、「犬の磔《はりつけ》」を重視するからである。そこで本書にもこの推理の終わりに当たり、これをそのまま次に引用する。

1　古代中国人の四季推移に対する意識

『礼記《らいき》』月令は、古代中国における一年十二ヵ月の星座、気候と、その月々に行うべき行事の記録である。為政者がもっとも心を配るべきものは、中国思想によれば天象と、四季の調和、その順当な循環、ひいては年穀の実りである。

そこで『月令』の記述によれば立春のとき、天子は青衣を着け、青玉を佩《お》び、百官を従えて親《みずか》ら東郊に赴き、春を迎えた。同様に立夏となれば赤衣をまとい、南郊に夏を迎え、立秋には白衣をもって西郊に秋を、立冬には黒色の衣を着けて北郊に冬を迎えたのである。

四季の推移にかかわる天子のこの行為は、季節の推移を形をもって表したもので、いわば時間の具象化である。何故このようなことが、もっとも重要な行事とされたのか。それらの行事は自然の規則正しい運行を人為的に促すための呪術だったと思われる。同時にそれは四季の変化によって象徴される森羅万象の輪廻・転生の永遠の相を、天子親らにも、天下の人々にも、はっきり悟らせるための手段ではなかったろうか。

さらに『礼記』のこの記述は、中国人の思考について重要な点を示唆している。

立春には東郊に春を迎え、

立夏には南郊に夏を、

立秋には西郊に秋を、
立冬には北郊に冬を迎える、
ということは時間・空間が相即不離《そうそくふり》のものとして捉えられていることを示す。次にそこにはまた「色」が配され、春には青、夏には赤、土用には黄、秋には白、冬には黒が宛てられている。それは、相即不離であるのは時間・空間ばかりではなく、「色彩」までが、ある法則の中に組み入れられていて季節という時間、方位という空間とこれまた相即不離、不可分となっていることを示す。そのある法則とは、要するに「五行」であって、木火土金水の五原素に万象は分析され、配当され、その行、動き《ぎょう》に統合されるのである。春、夏・土用、秋、冬の各季には、それに適《かな》った方位、色、十二支獣があり、また徳目があり、行為がある。生活万般にわたって、その季にあった行為をすること、それが順当な五行循環を促す。その季に適った行為、生活をすべきことを『礼記』月令は徹頭徹尾《てっとうてつび》、説くのである。

この思考は、次の段階に進むと、すべてその時宜に適《あ》わないものを撃攘《げきじょう》する、あるいはその季を害《そこな》うものを撃《う》つ、そうして円滑な季節の循環を達成させる、といういわば積極的な実践行動にまで発展する。そのもっとも代表的な例が「犬の磔」と思われる。

2　犬の磔《はりつけ》

『礼記』月令季春三月の条に、

「国に令じて九門に難《はら》い、磔攘《たくじょう》して以て春気を畢《お》う。」

とあり、また季冬十二月の項には、

「季冬の月、日は婺女《ぶじょ》にあり、昏《くれ》に婁《ろう》中し、旦に氐《てい》中す。其の日は、壬癸、其帝は顓頊《せんぎょく》、其の神は玄冥《げんめい》、其の蟲《ちゅう》は介《かい》……。有司に命じて大いに難《だ》し、旁《あまね》く磔《は》り、土牛《どぎゅう》を出《つく》り、以て寒気を送る。」

とみえている。

同じ箇所を『唐月令注』にみると、次のようにその各項は注されている。まず三月の条（筆者注、この月はいずれも旧暦である）。

「是月也。命レ国儺二九門一、磔攘以畢二春気一。洪範伝曰。言レ之不レ従則有二犬禍一。犬属レ金也。故磔二之於九門一所以抑レ金扶レ木畢二成春功一。東方三門不レ磔。春位不レ殺。且盛徳所レ在。無レ所レ攘。」

同八月の条。

「是月也。天子乃儺。以達二秋気一。此儺儺二陽気一。恐二傷暑至レ此不レ衰、害亦将レ及レ人。故儺以通二秋気一、方欲レ助レ秋。故不レ磔レ犬。」

同十二月の条。

「命二有司一大儺。旁磔以送二寒気一、磔謂磔二犬於門一。春磔二九門一冬礼大。故徧磔二於十二門一、所以扶レ陽抑レ陰之義。犬属レ金。冬尽春興。春為レ木。故殺レ金以助二木気一、」

【口語訳】三月には都城十二門の中、九つの門に犬を磔《はりつけ》にして春気を送るのである。このようにしないと犬の禍がある。犬は金畜《きんちく》であるから、この犬を九門に磔にするのは「金剋木《きんこくもく》」の相剋の理によって、金気を抑えて木気を扶《たす》け、木気である春の功を遂げさせ、三月という春の終りに当って、春を全うさせ、春を送るのである。

東・卯の方位は木気であるが、この卯を中心とする寅・卯・辰の三門は、春の盛徳を象徴する門であるから、この三門には犬を磔にしたりはしない。

八月には天子は大いに攘《はら》いをして、秋気を達成させる。この時、攘うのは陽気を攘うのである。つまり酷暑が残っていて、人にその害を及ぼすのを避けるのである。この攘いは、どこまでも秋気を助長するためのものであって、秋気は金気だから、金気の象徴である犬を殺したり磔にしたりはしない。

十二月は大いに磔けて寒気を送り出す。この磔は、犬を都城の門に磔にすることである。春の時は九門に磔にしたが、冬期には十二門すべてに磔ける。それは陽を扶け、陰を抑えるためである。というのは犬は金畜で、犬を殺すことは金気を殺すことであり、この方法によって冬は十二月に尽き、木気の春を新しく盛んに興すことができるわけである。

以上が『月令』における犬の磔に関わる記事であるが、これら春冬の行事をみると、先述のように古代中国は抽象より具象、観念的であるよりは実践を重んじた国であることがわかる。

四季循環の現象も、まず五行の輪廻として捉え（それがすでに一種の具象化であるが）、木火土金水の各気は、また具象化されて金気なら犬、水気は猪（亥）、火気は羊（未）というように捉えるのである。そうして『唐月令注』にみられるように、金気の精、犬を磔にし、あるいは殺すことによって木気の春を壮《さか》んにし、あるいは冬を送って春を迎える手段としている。

抽象から具象へ、観念から実践へのこの道筋は、同じような傾向を持つ日本民族によってよく受け入れられた。しかしその一方、日本民族には中国人と非常に違った面がある。それは建築でいえば、石造より木に好尚があり、あまりに仰々しいこと、あるいは大げさなものより洗練された小ぶりを好むということにも表されている。都城の門に犬を磔けたりすることも中国だからこそできることで、都市に石の城壁を持たない国に、犬の磔など到底あり得ない。また犬を磔けたりするような感覚も、日本人にはなかったのである。しかしこのような感覚の相違はあったにしても、日本に輸入された中国の思想・文物制度は日本を洪水のように浸した。犬の磔のごときもその例外ではなく、多分に模倣されたであろうが、その感覚の相違から、そっくりそのままではなく、その原理は取り入れられながら日本化して年中行事化され、日本各地で形をかえて伝承されてきた。中国古代の年中行事であった犬の磔の日本版、それは実に種々雑多な形で日本の歳時習俗となっていると推測される。

つまり、カラス祭りにおいても、その餅はこの場合の「犬」に当たり、春の木気を損なう金気のゆえに、カラスによって剋《こく》させるわけである。

かつては日本の全国的な農村行事であった山の神の祭りに付随する「カラス呼び」すなわち「カラス祭り」は、その当初は占《うら》ではなく、亥の神、山の神、正月の神の木気を扶《たす》ける迎春呪術だったのである。

三　神島の「ゲーターサイ」

前節で推理した古代中国の迎春呪術「犬の磔《はりつけ》」は、種々様々な形で日本の祭り、歳時習俗に取り入れられているが、山の神祭りに付随する「カラス祭り」も、私見によればその一つである。そこでここでは、より一層、顕著な例として、「神島のゲーターサイ」を取り上げ、謎の多いこの神事の名称の意味と、この祭りの狙《ねら》いを考察し、併せてカラス祭り推理の補足としたい。

1　神島

三重県鳥羽市の離島・神島《かみしま》は伊勢湾の入口を扼《やく》している小島で人口は七百人余りである。神宮の東北海上というその位置、および神島というその名称のいずれからみても、この島が神郡守護のシンボルとしての役柄を負っていることが感じられる。

この島の氏神は八代《やつしろ》神社。今はヤツシロと訓《よ》まれているが、かつては、「ハチダイ」で、その祭神・八大竜王を意味したものであろうと、萩原竜夫氏ほかの先学方も指摘しておられる。

さらに神島を鳥羽辺の人々は「ガシマ」と呼ぶそうであるが（堀田吉雄『海の神信仰の研究』上巻）、ガシマはおそらく元は「カシマ」、すなわち「蛇島《カシマ》」であったと思われる。というのはこの島を遠くから望むとき、三角形の頂きが鋭く、これは古代の人々によって祖神が海上にうずくまる形として受けとられたと思われるからである。

五行において東方は木気、木気の重要なシンボルの一つは竜蛇、その色は青なので、所謂《いわゆる》、四神、すなわち方位を守る神の場合でも、東の守護神は青竜が割り当てられている。

かれこれ考え合わせれば、神島は原始蛇信仰では祖神の蛇を象《かたど》る島、五行導入後においてもまた東方木気の青竜を象徴する島として特別の意識を持たれた聖地に相違なく、その考えはそのまま氏神として祀られる神が、八大竜王という事実にも反映している。

そこで神島の祭りをみる場合には、

- 伊勢神郡東方の島、伊勢湾を扼《やく》する島、
- 海上に顕現する祖神象徴の島、
- 神島、あるいはガシマというその名称、

等、島の位置、形状、祭神の神格、島の名称等の基礎データを頭に入れておく必要が

あろう。

2　ゲーターサイ

今日、神島を有名にしているのは、この島が三島由紀夫の小説『潮騒』の舞台であることのほかは、大晦日から元日未明にかけて行われる「ゲーターサイ」である。その名称も奇抜なら、神事の内容もまたさらに複雑怪奇で、人の注目を惹《ひ》かずにはおかず、年越の夜からこの盛んな祭りを見ようと多勢の人々が見学にこの小島を目指して集まって来る。

〔1〕ゲーターサイの大要

「旧正月元旦神事

神島の年寄《としより》たちは、旧年十二月中に山から『グミ』の木を切り集めてくる。大晦日の夜、このグミを太さ十センチ、直径二メートル程の輪に仕上げ、更に白紙でその輪をすっかり包み込んで、麻ひもで何ケ処かくくり、巨大な白色の輪とする。これを『アワ』と呼び、『日の御像《みかた》』、即ち『太陽の御姿』であるという。

元旦、日の出前に、頭屋の若者たちがこれを捧持《ほうじ》し、島の東の浜に現れるが、この時、旧頭屋の老人たちが素袍烏帽子《すおうえぼし》姿でこれにつきそう。

一方、これより先、島内の若者は未明、海に入って身を浄め、先端に御幣をつけた五メートル程の竹竿を各自持って待機する。

『日の御像』が現れると、これに向って突進し、その所持する竿の先で、突きつづける。この様子を遠望すると、直径二メートル余の一大白色の輪が、数百本の竿によって猛烈に突き上げられ、人々の頭上から二メートル余りの所を、西に東にさかんに動揺する（第41図）。この有様はただ奇観というほかはない。二、三十分間、こうして突き上げた後、はじめこの輪を捧持して来た青年らが、再び捧げもって氏神の大前に納め、次に老幼男女の氏子は、すべて氏神の社に参拝する。

この行事の縁由は古老によって次のように説かれている。

即ち、『天に二日《にじつ》なく、地に二君《にくん》なし、もし二日、二君あれば災禍がおこるというので、一天に二日、現れたときには神に祈誓《きせい》し、その一つを退治する』というのである。今日迄、この行事はいつからとは判らぬながら、毎年、必ず行われているが、この行事が終ると、次に『日向の祭り』が執り行われる。

それは村長、村役人を始め、前記の素袍烏帽子姿の老人並びに年寄の先輩たちが、浜辺の清浄なところに荒莚を敷き、上下の順に着座して、『ハバ』という長さ

第41図　白色の大輪を数百本の竿で突き上げるゲーターサイのハイライト

二四センチ程の六角形の堅木に、六角面合計三六五の横線（一年の日数）を切り込んだものと、宝物というミカンをカヤでしばったものを上座に備え、年中無事安穏を祈って、日に向って順次、杯を挙げる。これが『日向の祭り』で、年頭の行事として、今に至るまでつづいている。その起りは不明であるが、古来からの慣行として順守されている。」（長谷川利市編『三重県下の特殊神事』三重県郷土資料刊行会、昭和五十二年刊より要約）

〔2〕ゲーターサイの主要事物

祭名……「ゲーターサイ」「ゲーターまつり」「ゲーロー」

祭時……大晦日から元日未明にかけての祭り。

祭処……島の東浜。

　神島自体、伊勢湾口、伊勢神郡東北海上に位置する。

祭具……白色大円（太陽を象《かたど》る）。グミの木の芯。

　多数の竹竿（先端を尖らせる）。

3　祭名の推理――迎太歳

「ゲーターサイ」を土地の人は「ゲーロー」ともいい、その由緒はまったく不明とされている。種々の説はあるが、真に説得力のあるものは皆無である。結論を先にいえば私はこれを、

「迎太歳《げいたいさい》」

と考える。つまり、「太歳を迎える」ということであるが、「歳」は「祭」と同音の故に、いつかこの「歳」は「祭」として捉えられ、その結果、きわめて安易に「ゲーター祭」「ゲーター祭り」に移行していったものと思われる。

　もしその意味であれば、この祭りは、「太歳を迎える祭り」、すなわち「迎太歳祭」と唱えられるべきであろう。

それでは年頭に際してのこの祭り、あるいは行事が何故、「太歳を迎えること」なのであろうか。問題は「太歳」にしぼられる。

〔1〕太　歳

「太歳」は一名、「歳陰」とも呼ばれる星であるが、真正の星ではなく、木星の神霊化、つまり架空の星である。架空の星でありながら、この太歳は、「歳の君」「一年の君」などと呼ばれ、この星の在泊方位は最吉方となり、陰陽道においては八将神中、筆頭の吉神である。

太歳は前述のように木星の神霊化なので、その尊貴性の拠《よ》って来たる淵源は木星にある。

「木星の運行は約十二年で天を一周する。つまり木星は一年で天の十二区画の中の一区画を移行するわけである。木星は太陽や月とは逆に、西から東に向って移動するので、木星の反映ともいうべき仮の星を設けて、これを時計と同方向に、東から西へ移動させることにした。

この架空の星は、木星の神霊化として「太歳」または「歳陰」の名称でよばれる。この太歳の居処につけた名が、子・丑・寅の十二支である。つまり十二支は、木星の反対方向に、同じ速度で巡る太歳の居処につけた名称であって、これが年の十二支である。」

（吉野著『陰陽五行思想からみた日本の祭』四八頁）

ここにみられるように、一年の枠組みの中で「太歳」の居所につけられた名称が年の十二支となる。一九八九年が巳《み》年というのは、太歳が「巳」にあり、一九九〇年が午《うま》年になるのは、太歳が「午」に在泊するからで、太歳が、「歳の君」とか、「一年の君」と称されるのは、この故にほかならない。

十二年で天を一周する木星は、年を定める基準となり、木星紀年法の基をひらき、木星の異名、「歳星」はその間の事情の表出である。

太歳はこの木星の神霊化ゆえに「歳の君」「一年の君」であり、木気の神である。正月は寅月、年初であるとともに木気の始めでもある。私どもの先人たちはこの太歳の特質を合計して太歳を次のように意識したのではなかろうか。

- 木気の神（東方象徴・稲等の収穫の神）
- 一年の神
- 正月の神

太歳の居所、太歳方《たいさいほう》はすべてにおいて吉。ただし、その方位に向って木を伐《き》ることを堅く禁じていることとは、太歳の本質が木気である証拠である。

木気の神のパワーは植物全般に及び、五穀もまた、その翼下にある。

しかも神島はこの世ながらの東方の常世《とこよ》の国という伊勢神郡を背後に負っている。東方を象徴する太歳を、寅月に無事に迎えることは、神島の人々のみならず、伊勢神宮に関わりをもつ人々すべての至上命題であり、また神島ほどそれに適《ふさわ》しい聖地はなかったのである。

〔2〕太歳を迎える方法

中国の先人たちは春の木気を迎えるに当たり、城門に犬を磔《はりつけ》にしてその呪術としたことは、前節においてみたとおりである。犬は金畜、この金気象徴の犬を剋殺することによって春の木気の無事到来を促《うなが》したわけであった。

ところで犬を磔にするには、その共同社会の居住地への出入口としての城門や城壁を必要とする。あいにく日本には昔からそのような設備は都市にも村落にもなかったので、もし同じ意味の呪術を執り行うとすれば、中国におけるそれと「同一原理による他《ほか》の手段」というものを別途に考え出さなくてはならなかった。しかし融通が利《き》き、臨機応変を得意とする日本人にとって、他の手段を講ずることは至極、容易なことで、必要とあれば何よりも貴重な餅や米さえ、金気剋殺の呪物として一役買《ひとやく》わされた。その状況については、『陰陽五行と日本の民俗』第二章を参照していただければ幸いである。

神島はその位置からみても格別な聖地とみなされていたので、木気の太歳を迎えるについては、より一層、呪術の強化を計らねばならなかった。

つまり、他処よりもはるかに強烈な剋殺すべき金気が必要と考えられた。剋する金気が強ければ強いほど、木気の流入は増え、木気の神の来臨もまた容易になるからである。

そこで案出されたのが「日輪」である。日輪とは太陽のこと、では何故、太陽が金気なのだろうか。

〔3〕六白金気としての太陽

本書の「陰陽五行思想の概要」では触れなかったが、易の八卦は、「九宮」の八方位に割り当てられる。

その場合、天を象《かたど》る「乾《けん》」は西北、戌亥《いぬい》。それに対し、地を象る「坤《こん》」は西南、

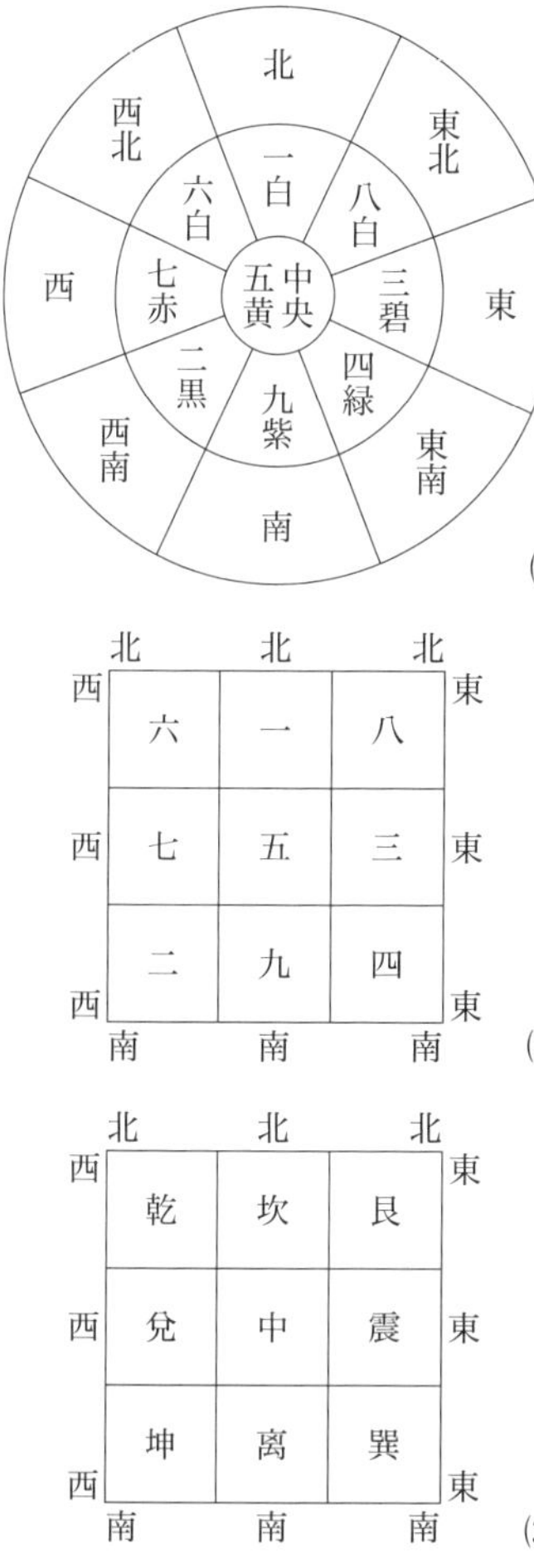

第42図　九星と八卦

(1)は九星図。方位は東西南北を四つの正位とし、その間の東南、西南、西北、東北を四隅とする。この四正四隅に中央を加えると九方位となる。このように細分化した方位の九区画にそれぞれ色彩名が割り当てられ、一白、二黒……、八白、九紫となっている。「九気図」ともいう。
(2)は九星図を方形にしたもので、「洛書《らくしょ》」と呼ばれる。「五」を中心として、縦・横・斜のどの方から数えても総和が必ず「十五」になる、いわゆる「魔方陣」である。
(3)は九星図に「易」の八卦が配当されたもの。

未申《ひつじさる》である。天の象徴である「乾」は、九星では「六白金気《ろっぱくきんき》」。したがって六白金気は天の象であるから、その性情は天に則《のっと》り、堅・動・円で、太陽をその最大の象徴とする（第42図）。

「六白金気とは太陽をいい、古来、人類の天と讃え、神と称うる所以の本体たり。」

（田中胎東口伝『九気密意』）

太陽は白日《はくじつ》というようにその色は「白」、形は「円」、その作用は「天行健」で動いてやまない。「健」は「堅」に通じ、それは五行の中で、もっとも堅い金気の象徴でもあって、これらはすべて「坤《こん》」の二黒土気《じこくどき》、すなわち、「黒色」「方形」「柔」「静止」に相対である。

4　金気の剋殺（その一）

「ゲーターサイ」の大要にあるように、元日未明、島の東の浜に捧持されてきた白色の巨大な輪は、島の伝承によれば、「太陽の姿」であるという。

それならば同じく大要で述べられているように、この巨大な白い輪が、無数ともいうほどの多くの竹竿《たけざお》の尖端で激しく突かれることは何を意味するものだろうか。それはまさに金気剋殺そのものではなかろうか。

巨大な金気の象徴を、多数の竿の尖端で突くことは、大量の金気の剋殺を意味する。

これは木気の神の来臨のためには、何にも優《まさ》って効果のあがる方法である。つまりこれはその道中の「露払い」となり、確実なその顕現の保証となるものだからである。

しかし、夜が明ければ、新しい年をもたらすべきこの「日の御像《みかた》」、すなわち「太陽」を、いつまでも剋しつづけるわけにはいかない。そこでこの竹竿による金気剋殺の呪術は、わずか二、三十分で終わり、この白色の輪は再び人々によって捧持され、最前《いまさき》までの無礼を謝するかのように、鄭重《ていちょう》に神前に納められるのである。

5　金気の剋殺（その二）

私見によれば、このゲーターサイにおける金気剋殺の意図をうかがわせる呪術、あるいは呪物は、なおこのほか少なくとも三つある。

(一)は頭屋に準備されたチガヤで固く縛られたミカン

㈡は他処では節分に行われる「豆撒き」がここでは大晦日の夕になっていること
㈢はアワと呼ばれる「日の御像」の白色の輪の芯が、グミの枝であること
以上の三点である。

㈠㈡について
「種子果実を六白金気となす。米・麦・豆・粟・稗の類より、リンゴ・栗・柿・梨・桃・ミカンの類に至るまで皆、六白という。」（田中胎東口伝『九気密意』）

固く丸く結実したものはすべて六白金気に還元される。ゲーターサイにおいて注目されるのは、この金気象徴のミカン（果実）、豆（種子）が、何らかの形で剋されていることである。つまり、「宝物」というミカンはチガヤで念入りに十文字に緊縛《きんばく》され、一方、大豆は大晦日の夜、頭屋で新しく鑽《き》り出された浄火《じょうか》によって煎《い》りつけられる。節分の豆は何処でも火によって念入りに煎られるが、ここではゲーターサイの同日に、それが行われる点が見落とせない。

緊縛されたミカンは自由を奪われた金気の象徴。したがって金気を厭《いと》う太歳を迎えるための呪物であって、頭屋から各戸に配られる「宝物」となるわけである。あるい

はまた、祭りの後の「日向の宴」でもこのミカンが肴《さかな》とされるのは、同じ狙いによると思われる。

要するにゲーターサイにおいて竿の尖端で突かれる「日の御像《みかた》」が、この行事の主役とすれば、その側《わき》をかためるものは、これらのミカンや大豆であろう。受難の程度の差こそあれ、その内容に立ち入ってみれば、それが同一の原理に拠っていることが判然としてくるのである。

㈢について

九月九日は、「重陽《ちょうよう》」といって長寿を祝う菊花の宴で知られるが、一方、中国の行事「登高《とうこう》」になぞらえ、この日、グミを身につけて山に登り、酒を飲むことも辟邪《へきじゃ》の呪術として行われた。その「登高」の伝承は次のとおり。

「仙人、費長房《ひちょうぼう》が、桓景《かんけい》に向って、九月九日、家災を予言し、その防禦の呪《まじな》いとして、グミの袋を肘にかけ、山に登って菊酒を飲めば、この災厄から逃れられる、と教えた。その教えの通りにして帰宅すると、果して家畜が悉《ことごと》く死んでいて、本人は安泰であった。」

第43図　カヤで縛ったミカンとグミの枝

この呪術の解読を寡聞《かぶん》にして私は未だ見ないが、ここに「九月」「登高」「グミ」等の要素が三つまで揃っている以上、この理を考えることは不可能ではない。

すなわち、九月は「戌月《いぬのつき》」、登高とは「上る」こと、グミの色は「赤」。

戌は「寅・午・戌」の三合において火気の墓《ぼ》、つまり死に当たる。火の本性は炎上で、上ること。赤色は火の象徴である。そこで火の死するときに、赤色の呪物を携えて、登高、すなわち山に上れば、炎上という火の本性を扶《たす》け、火気を死から生への再生の輪廻の方向に導いてやることができる。火気は陽気、生気につながる。この陽気の滅ぶとき、高い所に登ること、赤色のグミを身につけることをもってその気を補えば、火気の甦《よみがえ》りが期待されるのである。

この場合、グミは赤色として捉えられているが、そのことは『延喜式』十二にも、九月九日、グミをつつむ料、すなわち袋の料として緋色の布、糸が挙げられていることからも察せられる（九月九日は宮廷でも中国の故事にならい几帳の柱にグミの袋を吊した）。

そこで話をゲーターサイに戻すと、グミはこのような伝統を負う故に、たとえ枝や幹であっても、グミといえばその実の赤色から、火の象徴として考えられていたはずである。そうすると白色の巨大な輪は外側が金気、内側が火気である。火と金の関係は常に火剋金。

要するに太陽の輪は、その内側からも火剋金の理で剋され、その金気は殺《そ》がれる一方である。

グミの枝は固く、これを撓《たわ》めて真円の輪に作り上げるのは多勢の若者の力をもってしても相当の難事である。

指図する年寄の叱咤《しった》激励、酒で景気をつける若者の喚声と熱気で、大晦日の頭屋は割れんばかりの騒ぎである。

グミがこの輪の骨格に撰ばれている理由は、けっして撓みやすいというわけではないことは、見ているうちに直ちに実感される。これは、やはり呪術なのである。

側役としてのこの三者に、なお、つけ加えられるものがあるとすれば、それは竹竿

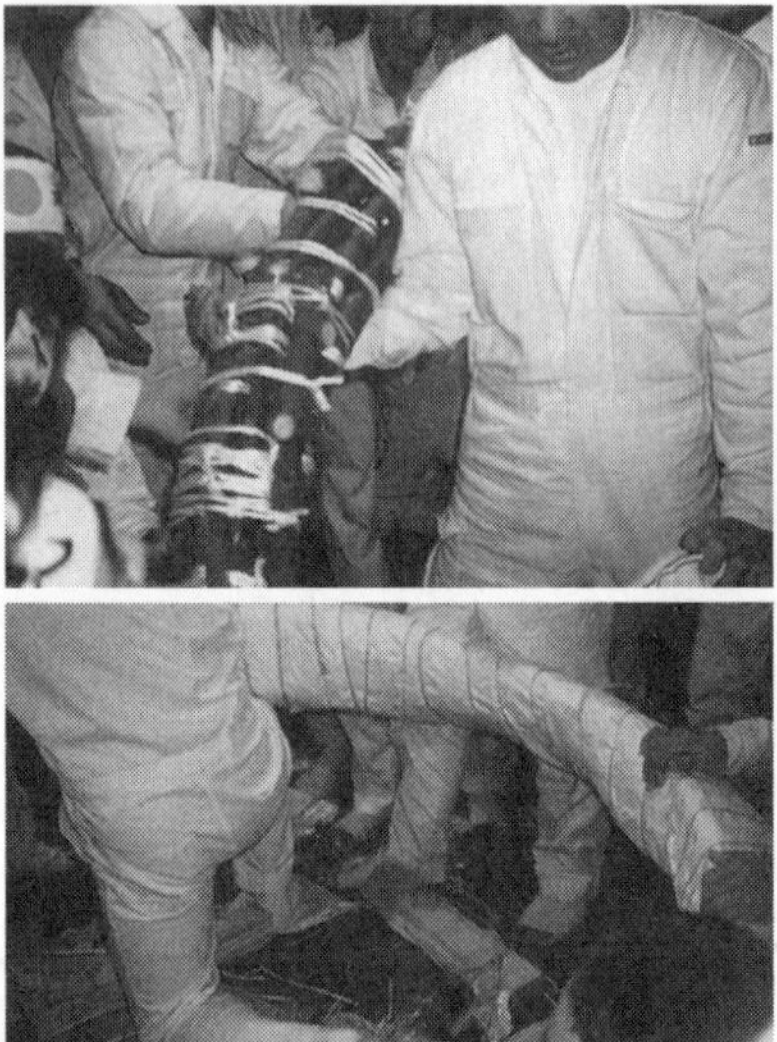

第44図　固いグミの枝を撓め，白紙で丹念に包みこんで，巨大な輪「アワ」が出来上がる

であろう。

火の象は炎。炎は三角で先が尖《とが》っている。先端の尖っているものはすべて火気に還元され、歯のごときもこのために火気として捉えられる。竹竿の先端は尖っているから、これも立派な火気で、この竿の先端で突《つ》っつかれるので、巨大な太陽の輪は、

●その内側からも火気なるグミ

●その外側からも火気なる竹竿に攻め立てられ、これはまさに完璧な火剋金の呪術の成就としかいいようがない。呪術の念の入った様子には驚かされるのである。

6　ゲーターサイの原型

ゲーターサイの原理を、その名称から推して太歳を迎える行事として推理してきたが、終わりにこの行事の原型についても一応考えたい。

一年を掌《つかさど》る太歳を迎えるためとはいえ、かりそめにも太陽を金気だからといって猛烈に剋《こく》するという着想は、本来、日本人のものではない。原始信仰は蛇を祖神とするものであり、蛇信仰は太陽信仰に結びつくものだからである。

しかし日本人の外国好みは、中国文化に接した時点以来のことで、新しく将来された大陸の文物制度を学び、事をするに当たっては常にその中に有形無形を問わず原型を求めて、模倣しつづけてきた。しかもいつかその原型の枠をこえて、自身の好みに合わせてそれを一層洗練させ、新しく別種と見えるほどのものを創《つく》り出す、そういう点で日本人は特異な頭脳と腕をもつ民族である。

同時に自己の内奥に棲むそれより古い原型も、けっして捨て去ろうとはしない。

おそらく奇祭ゲーターサイもこの例外ではなく、一年を無事に過ごしたいというもっとも現実的な欲求の果てに、内外を問わず身近に存在する古いさまざまの原型を、このような特殊な祭りの形に結晶させたと思われる。

そこで巨大な輪を竹竿で突くこの行事を、性のかまけわざとする見方も生まれ、あるいはこの島の伝承にあるような「天に二日《にじつ》なし」というしかつめらしい教えによる解釈も出てくるわけで、それらはいずれもそれなりの根拠があってのことであろう。

しかし数多くのこの奇祭の原型と考えられるものの中で、もっとも直接な影響をもつものとして挙げられるのは中国神話「太陽を射る羿《げい》」の話である。これは先学諸氏によってすでに指摘されているが、重要なことなので次にその大要を記す。

「太陽を射る羿。

聖王堯《ぎょう》の時代、この世には天帝の子供の十個の太陽が東海の果、湯谷に住んでいた。母の義和《ぎわ》は、日毎に一個ずつの太陽を、自分の車にのせて送り出したから、人間のみる太陽は常に一個だけであった。しかし何千万年もこんなことをしていると、厭《あ》きも来ようというものである。ある日、彼らは一せいに空にとび出し、とんだり、はねたりの大騒ぎをはじめたからたまらない。世は焦熱地獄に苦しむことになった。天帝もついに放置出来ず、可愛い息子共ではあるが、大いにこらしめてやらねばと、弓の名手、羿を遣わすことにした。羿が実際に目にした地上の惨状は余りにもひどく、ついに太陽を目がけて矢をつがえ、これを射落した。そこに落ちて来たものは、巨大な三本足の烏で、人々はこれが太陽の精であることを知ったのである。羿は次々に九つの太陽を射、九羽の烏が死んで一個の太陽が射残された。こうして人々はついに太陽の熱害から救われた。」

（袁珂著『中国古代神話』2より要約）

太陽を剋することについては、日本人にすでにこのような知識があり、その記憶がゲーターサイの行事として長年の間に結晶したかとも思われる。

しかしくり返しいうように日本人は常に現実的で、たとえゲーターサイの原型が中国神話にあるにせよ、そこにみられるものはその換骨奪胎《かんこつだったい》であって、そのテーマは眼前の問題解決とか希求にすりかえられ、原型の影響はどこかに留めながら、別種の新たなテーマの祭り・行事となって展開し、実践されるのである。

なお、大晦日に夕陽に向かって鉄砲を撃つ行事は、中国の少数民族メオ族にもみられ、それがゲーターサイと同様、金気剋殺の意図を持つものであることは、そこに付随する行事のいくつかからも推測できる(吉野著『陰陽五行と日本の民俗』一〇四頁、メオ族の迎春呪術参照)。

ゲーターサイと相似のテーマによる行事、すなわち迎春のために太陽を撃つ、突くことが、神島に限ったことでなく、日本人の源流の一つとして考えられている民族の中にもこうして見出されることは、単なる偶然の一致とは思われない。同祖の間柄故《ゆえ》にみられる現象なのではなかろうか。つまり同祖の故に本性が相似であり、ひいては相似の祭りをする、ということである。

人間の生活にとって不可欠の太陽、主食の餅とか大豆の類、そのようなもっとも尊ぶべきものでも、その時、その所において、より重要と思われる主題のためには、これを剋す。融通無碍《ゆうずうむげ》というか、無原則、無定見というべきか、常に現実重視を至上命題とするこのような態度、それが日本人の本性とすれば、その後裔《こうえい》たる現在の私どもも、不知不識の間にそれを踏襲しているはずである。日本民俗学は日本人自身を知るための学として、今後、さらに深く足元を掘る必要がありはしないだろうか。それが善いとか悪いとかの問題ではなく、本質論として考えるべきことのように思われる。それはまたこの地球上で、いつの時代か、別れ別れになった私どもの仲間を見出すことにもつながるのである。

7 「ゲーターサイ」即「迎太歳」について

稲作民族にとって、そのもっとも重要な時間の単位は一年、つまり一歳である。年とか歳が年穀を意味することからも、一年の時の単位が先人たちにとっていかに重視されたかが察せられる。

その歳を支配する神、太歳が尊崇《そんすう》されたことはいうまでもなく、この木気の神を迎えるための呪術は日本の正月行事の中にもっとも鮮やかにその種々相《しゆじゆそう》をみせるのである。

「歳」は「実《みの》り」なので、「歳登《さいとう》」「歳豊《さいほう》」はいずれも年穀の豊かな実りを意味する。そこで日本本土や沖縄の祭りに登場する「サイトウ祭」とか、「イザイホウ」は、それぞれ「歳登祭《さいとうさい》」「斎歳豊《いざいほう》」に還元されるのではなかろうか（吉野著『易と日本の祭祀』一五一頁参照）。

祭りの中の「サイ」に「歳」を感じ、この「歳」が実りを意味すること、「太歳《たいさい》」が「年の君」であること、等を考え合わせれば、その連想から「ゲーターサイ」が「迎太歳」に結びつくのはきわめて容易である。「ゲーターサイ」を「迎太歳」とするのは、私の恣意《しい》的な推測とか勝手な造語とは思われない。

たとえば、『荀子』四儒効篇には、

「武王之誅《スルヤ》レ紂也、行之日、以《テシ》二兵忌《ヲ》一、東面《シテ》而迎《ヘ》二太歳《ヲ》一、至《リテ》レ汜《ニ》而汎《シ》、至《リテ》レ懐《ニ》而壊《シ》、至《レバ》二共頭《ニ》一而山隧《ス》、霍叔《かくしゆく》懼《おそレテ》曰《ク》、出《ルコト》三日《ニシテ》而五災至《ルト》。」

【口訳】「武王が殷王紂を討伐の際、その出兵の日が厄日《やくび》に当たり、（西の周から）東方に進軍すると太歳に出会うことになり、汜（川の名）につくと洪水で水が溢《あふ》れ、懐につくと土地が壊《こわ》れ、共頭山では山崩れに遭《あ》った。弟の霍叔は恐れ、言う。出兵して三日の間に五災に遭うのは、この出兵が間違いではなかったかと。」

推理
周の武王の挙兵は、正義の戦さだったので、結果において紂討伐に成功したのであるが、その陰にはこのような挿話もあったのである。この場合は、
●兵家の忌む木気の春に、金気の軍兵を動かした
●金気の西方から、東面して木気の太歳を迎え撃った
この二点から不吉と批難された。いずれも金剋木の理によってである。周の武王の場合は、太歳を迎え撃つことになる迎太歳であるが、神島の場合は太歳を迎え入れるための念の入った呪術の迎太歳である。

換言すれば、

周の武王の場合は、太歳が金剋木の理によって、剋されることになるから不吉、という話

神島の場合は、太歳が剋されることのないように予《あらかじ》め、金気剋殺をその狙いとする祭り

というわけで、「東面而迎太歳」ということは同じでも、その内容は互いに異なる。しかし両者の拠ってもって立つところの原理は同一である。つまり両者に共通するものは、「太歳は木星の故に金を忌む」（『仮名暦略註』）の一語につきるのである。

歳の神「太歳」と、亥寅の支合によって、正月には、木気に変容する「山の神」とは、木気という点で共通する。

その木気の神々は金気を忌む。そこで、

●山の神祭りに付随する「カラス祭り」

●太歳を迎える「ゲーターサイ」

に共通してみられるのは「金気剋殺」である。

両神とも共通して木気である以上、その祭りが共通の原理に立脚するのは当然で、

日本の祭りはこのように、その外観を全く異にしながら、実は同一原理に拠っているものが実に多い。

くり返せば、表面は全く無関係のように見えながら、強靭《きょうじん》な地下茎のごとき原理によって結ばれていて、本質的には同種のものである場合が、日本の祭りにはきわめて多く、それが一つの大きな特徴ともいえる。

外見の多彩さに眩惑《げんわく》されて、人は同種を異種とし、反対に表面、似通う故をもって、異種を同種と錯覚する。日本の祭りはまさに迷路である。

このようにその魅力の故に多くの人を惹《ひ》き寄せ、複雑な迷路に迷わせるのが日本の祭りとすれば、それはまた、一面においてはその謎をときほごす無限の楽しみを、なお無限に残しているのが日本の祭り、ということもまた可能なのである。

おわりに

柳田国男は『先祖の話』の中で「田の神と山の神」の項目を立て、大要、次のように述べている。

「家の成立には、曾《かつ》ては土地が唯一の基礎であった時代がある。常民にとって田地が家督《かとく》であり、家存続の要件だったから、先祖が後裔を愛護する念慮はもとはその全力が一定の土地に打ち込まれていたといってもよかった。こうしてその田地を家の生存のためにのこした人の霊は、更にその年々の実りに大きな関心をもち、支援を与えようとする。数ある農作物の中でも、稲は卓越した重要性がみとめられていたから、この田の神、又は農神とも作の神とも呼ばれている家毎の神が、正月の神と共に、先祖の霊ではなかったろうか。山の神は春、里に降って田の神となり、秋の終りには又、田から上って、山に帰って山の神となる、という言い伝えは、日本全国、北から南まで、そういう言い伝えのないところの方が少ないといってよいほど、弘く行われている。
この農神、または作の神の去来の日は、一定していて、旧二月と十一月の七日・九日・十二日等、但し、冬の方は十月が多く、春は二月の処と三月の処がある。我々の先祖の霊が、極楽などに行ってしまわず、子孫が年々歳々の祭りを絶やさぬ限り、永くこの国土のもっとも閑寂なるところに静遊し、時を定めて故郷の家に往来する、というのであれば、その時期は初秋の稲の花の咲こうとする季節よりも、むしろ苗代の支度に取かかろうとして人の心の動揺する際、その降臨の待ち望まれる時だったのではなかろうか。」

（柳田国男「田の神と山の神」『先祖の話』所収より要約）

この要約はさらに次の四点にしぼられる。

(1) 日本においては家督（家の根本的資産）は、田地であった。その田地を子孫に遺《のこ》した人の関心は当然、その田の生産物、即ち作物にある。

(2) その中でも稲は最も重要な作物だったから、稲の神・田の神・作の神こそは、正月の神と共に、先祖の神ではなかったろうか。

(3) 先祖の神は、極楽には行かず、秋冬は山の神、春には田の神となって去来する。

(4)　その日取りも一定していて、旧十・十一・二月というところが多いが、冬は二月が多い。

日本、および日本人の学としての日本民俗学を創始し、個人の仕事としては想像を絶するほど多岐にわたって、日本の民俗現象を蒐集・観察・推理した柳田国男の、その究極の課題は日本人の来由《らいゆ》、およびその祖霊観とされている。その最晩年の『海上の道』は前者の研究の結集であり、『先祖の話』は後者に対する推理であると同時に結論ともいうべきものであろう。

その祖霊の考察の中で、重大な比重を占めるものが山の神と田の神、及びその交替論であるが、最終的にはこの山の神と田の神が、祖霊として位置づけられているわけである。

農政学を出発点とする柳田民俗学において、「田地」の重視は当然であり、また、農業を基本とし、人口の大半が農村に集中していた古代から近代に至るまでの日本における「田地」のもつ意味の大きさは現代人には想像もつかないものがあった。

稲作のはじまった遠い昔から連綿として絶えず田地を重んじてきた日本民族の心の深層には、作物をもたらす神への信仰が自然に生まれ、それがついに祖霊にまでたかめられて行ったとする柳田の推理は理に適《かな》ったものといえよう。

くり返せば、この「田地信仰」の軌道上に把握されたのが柳田における春秋に交替するという輪廻《りんね》の相をもつ田の神、山の神であった。

その交替の舞台は山であり、田であって、その契機、つまり時間は、二月・十月、また正月なのである。

輪廻をくり返し、正月や春分の農初めごとに迎えられる神の姿は、祖霊としてふさわしく、一方、この祖霊としての山の神の把握は、日本民俗学上の重要テーマ・山を聖地とする「山中他界」の課題に発展する。

柳田説の祖霊観、および山の神、田の神の交替はそれぞれ人を一応も二応も納得させる力に満ちたものではあろう。

しかし日本はすでに六、七世紀以来、古代中国の宇宙観・哲学・科学でもある易・五行を導入し、暦を使用して一年を構造化し、その軌《みち》の上に、易・五行の法則に則《のっと》って、祭りや年中行事を執り行ってきているのである。

山の神の信仰、祭りもそれらに拠《よ》っているものとすれば、いま、ここに挙げた柳田説をはじめ、他の諸氏による従来の説明ではまかない切れず、それらをはみ出す部分が当然、出てきはしないだろうか。

たとえば、「十二山の神の呼称」、「妻女を山の神ということ」、「山の神はオコゼが好き、火が好き、ということ」、あるいはまた、一方、原始信仰にもとづく「箒神《ほうきがみ》と常に連動して、産に関わりを持つ山の神」等々。

このように複雑多岐にわたる山の神の本性から推して、このたびも私は従来からの自分の方法をとる必要をかんじたので、山の神を、山の神として一《ひと》からげにしてみるのではなく、その信仰を原始蛇信仰によるもの、と易・五行導入後のそれとに対象を分類し、これらの視点から改めて山の神を捉え直したわけである。

そこで第一章では、終始、古典の中に、原始信仰を負う素朴な蛇としての山の神の姿を追い求め、第二章ではできる限り詳細に、易・五行による山の神の本質の解明につとめたつもりである。

そのまとめを次に掲げる。

私見による易・五行と山の神

●易………西北・山・艮☶——→山の神（先天易で西北は山）
●十二支…西北・亥——————→十二山の神（亥は十二番目）

●消長卦…西北・全陰䷁→「山の神」という妻女の呼称（全陽の男・夫、䷀に相対）

「亥」の法則を負う山の神

●支合…亥（十月）・寅（正月）――→木気（正月の神）（年穀の神）

●三合…亥（十月）・卯（二月）・未（六月）→木気（年穀の神）

第三章は山の神祭りに付随するカラス祭り、その他の考察に宛てている。

『日本民俗学』第九一号（昭和四十九年一月刊）に、「十二山の神考」を発表してから十五年になる。以来、何度か山の神・亥の神について書く機会があったが、いずれも断片的な論考に過ぎないものばかりである。本書もけっして自分の得心の行くものではないが、とにかく問題の多い山の神を一冊の本の形にしてまとめ、書き終えることができたのは、偏《ひと》えに人文書院の谷誠二氏のお蔭様で、そのご好誼に対しご厚礼申し上げる。その御高著からいろいろ引用させていただいた先学、伊勢民俗学会長、堀田吉雄氏をはじめ、まつり同好会会長、田中義広氏、奈良県立民俗博物館学芸員奥野義雄氏の諸先生方にも心から感謝申し上げる次第である。

一九八九年四月二十日

吉野裕子

本書所収論考初出発表誌・書目一覧表

序　章

「祖霊の力と女の力」『祭りの原理』（昭和四十七年）慶友社

第一章

「世界の原始蛇信仰」『蛇』（昭和五十四年）法政大学出版局
「見立ての信仰」『扇』（昭和四十五年）
「スサノヲ神話と山の神」『日本人の死生観』（昭和五十七年）講談社現代新書
「蛇を秘める細小の神々」
　「箸」『祭りの原理』（前掲）
　「笠」『東アジアの古代文化』五〇号（昭和六十二年）
　「カカシ」『蛇』（前掲）
　「箒」『祭りの原理』（前掲）
　「朴の木」『日本人の死生観』（前掲）
「荒神」『日本人の死生観』（前掲）

第二章

「正倉院御物石板彫刻の犬猪」『日本民俗学』九一号（昭和四十九年）
「亥について」『東アジアと日本』（昭和六十二年）吉川弘文館
「十二山の神」『日本民俗学』（前掲）
「犬の礫」『民俗学評論』一五号（昭和五十一年）大塚民俗学会

KODANSHA

本書の原本は一九八九年八月、人文書院より刊行されました。

吉野裕子（よしの　ひろこ）

1916年東京生まれ。旧姓赤池。女子学習院，津田塾大各卒。学習院女子短期大学講師。1977年，東京教育大学より文学博士の学位を授与される。著書に『扇』，『祭りの原理』，『日本古代呪術』（1974），『隠された神々』，『陰陽五行思想からみた日本の祭』，『狐』，『陰陽五行と日本の民俗』（1983），『持統天皇』，『蛇――日本の蛇信仰』，『天皇の祭り』など。2008年没。

講談社学術文庫

定価はカバーに表示してあります。

山《やま》の神《かみ》　易《えき》・五行《ごぎょう》と日本《にほん》の原始《げんし》蛇信仰《へびしんこう》

吉野《よしの》裕子《ひろこ》

2008年８月７日　第１刷発行
2025年10月６日　第13刷発行

発行者　篠木和久
発行所　株式会社講談社
東京都文京区音羽 2-12-21 〒112-8001
電話　編集（03）5395-3512
販売（03）5395-5817
業務（03）5395-3615
装　幀　蟹江征治
印　刷　株式会社ＫＰＳプロダクツ
製　本　株式会社国宝社
本文データ制作　講談社デジタル製作

ISBN978-4-06-159887-4

「講談社学術文庫」の刊行に当たって

これは、学術をポケットに入れることをモットーとして生まれた文庫である。学術は少年の心を養い、成年の心を満たす。その学術がポケットにはいる形で、万人のものになることは、生涯教育をうたう現代の理想である。

こうした考え方は、学術を巨大な城のように見る世間の常識に反するかもしれない。また、一部の人たちからは、学術の権威をおとすものと非難されるかもしれない。しかし、それはいずれも学術の新しい在り方を解しないものといわざるをえない。

学術は、まず魔術への挑戦から始まった。やがて、いわゆる常識をつぎつぎに改めていった。学術の権威は、幾百年、幾千年にわたる、苦しい戦いの成果である。こうしてきずきあげられた城が、一見して近づきがたいものにうつるのは、そのためである。しかし、学術の権威を、その形の上だけで判断してはならない。その生成のあとをかえりみれば、その根は常に人々の生活の中にあった。学術が大きな力たりうるのはそのためであって、生活をはなれた学術は、どこにもない。

開かれた社会といわれる現代にとって、これはまったく自明である。生活と学術との間に、もし距離があるとすれば、何をおいてもこれを埋めねばならない。もしこの距離が形の上の迷信からきているとすれば、その迷信をうち破らねばならぬ。

学術文庫は、内外の迷信を打破し、学術のために新しい天地をひらく意図をもって生まれた。文庫という小さい形と、学術という壮大な城とが、完全に両立するためには、なおいくらかの時を必要とするであろう。しかし、学術をポケットにした社会が、人間の生活にとってより豊かな社会であることは、たしかである。そうした社会の実現のために、文庫の世界に新しいジャンルを加えることができれば幸いである。

一九七六年六月

野間省一

文化人類学・民俗学

124
年中行事覚書
柳田國男著（解説・田中宣一）

人々の生活と労働にリズムを与え、共同体内に連帯感を生み出す季節の行事。それらなつかしき習俗・行事の数々に民俗学の光をあて、隠れた意味や成り立ちを探る。日本農民の生活と信仰の核心に迫る名著。

135
妖怪談義
柳田國男著（解説・中島河太郎）

河童や山姥や天狗等、誰でも知っているのに、実はよく知らないこれらの妖怪たちを追究してゆくと、正史に現われない、国土にひそむ歴史の事実をかいまみることができる。日本民俗学の巨人による先駆的業績。

484
中国古代の民俗
白川　静著

未開拓の中国民俗学研究に正面から取り組んだ労作。著者独自の方法論により、従来知られなかった中国民族の生活と思惟、習俗の固有の姿を復元、日本古代の民俗的事実との比較研究にまで及ぶ画期的な書。

528
南方熊楠《みなかたくまぐす》
鶴見和子著（解説・谷川健一）

南方熊楠――この民俗学の世界的巨人は、永らく未到のままに聳え立ってきたが、本書の著者による満身の力をこめた独創的な研究により、ようやくその全体像を現わした。〈昭和54年度毎日出版文化賞受賞〉

661
魔の系譜
谷川健一著（解説・宮田　登）

正史の裏側から捉えた日本人の情念の歴史。死者の魔が生者を支配するという奇怪な歴史の底流に目を向け、呪術師や巫女の発生、呪詛や魔除けなどを通して、日本人特有の怨念を克明に描いた魔の伝承史。

677
塩の道
宮本常一著（解説・田村善次郎）

本書は生活学の先駆者として生涯を貫いた著者最晩年の貴重な話――「塩の道」「日本人と食べ物」「暮らしの形と美」の三点を収録。独自の史観が随所に読みとれ、宮本民俗学の体系を知る格好の手引書。 電 P

文化人類学・民俗学

711・712
C・レヴィ＝ストロース著／室　淳介訳
悲しき南回帰線（上）（下）

「親族の基本構造」によって世界の思想界に波紋を投じた著者が、アマゾン流域のカドゥヴェオ族、ボロロ族など四つの部族調査と、自らの半生を紀行文の形式でみごとに融合させた「構造人類学」の先駆の書。

715
宮本常一著（解説・田村善次郎）
民間暦

民間に古くから伝わる行事の底には各地共通の原則が見られる。それらを体系化して日本人のものの考え方、労働の仕方を探り、常民の暮らしの折り目をなす暦の意義を詳述した宮本民俗学の代表作の一つ。

761
宮本常一著（解説・山崎禅雄）
ふるさとの生活

日本の村人の生き方に焦点をあてた民俗探訪。祖先の生活の正しい歴史を知るため、戦中戦後の約十年間にわたり、日本各地を歩きながら村の成り立ちや暮らしの仕方、古い習俗等を丹念に掘りおこした貴重な記録。

810
宮本常一著（解説・田村善次郎）
庶民の発見

戦前、人々は貧しさを克服するため、あらゆる工夫を試みた。生活の中で若者をどう教育し若者はそれをどう受け継いできたか。日本の農山漁村を生きぬいた庶民の内側からの目覚めを克明に記録した庶民の生活史。

994
折口信夫著（解説・岡野弘彦）
日本藝能史六講

まつりと神、酒宴とまれびとなど独特の鍵語を駆使して藝能の発生を解明。さらに田楽・猿楽から座敷踊りまで日本の歌謡と舞踊の歩みを通観。藝能の始まりと展開を平易に説いた折口民俗学入門に好適の名講義。

1082
柳田國男著（解説・桜田勝徳）
新装版　**明治大正史　世相篇**

柳田民俗学の出発点をなす代表作のひとつ。明治・大正の六十年間に発行されたあらゆる新聞を渉猟して得た資料を基に、近代日本人のくらし方、生き方を民俗学的方法によってみごとに描き出した刮目の世相史。

日本人論・日本文化論

2392
「日本」国号の由来と歴史
神野志隆光著

「日出づる処の天子」の意味は？　「倭」「やまと」と「日本」の関係は？　平安時代から宣長を経て近代まで、「日本」の誕生とその変奏の歴史を厳密な史料読解で示す。新出資料「祢軍墓誌」についての補論も収録。

電P

2405
犬と鬼　知られざる日本の肖像
アレックス・カー著

日本は一九九〇年代、バブル崩壊を引き金に本質的に失敗した。経済、環境、人口、教育……。慢性的かつ長期的な問題を抱えるこの国の行き先は？　日本をこよなく愛するVISIT　JAPAN大使が警告する。

電P

2538
日本人の起源　人類誕生から縄文・弥生へ
中橋孝博著

日本列島の旧石器時代はいつからか？　縄文から弥生への移行の真相は？　明治以来の大論争を、古人類学の第一人者が最新人類学の到達点から一望検証。何がどこまでわかり、残される謎は何か、明快に解説する。

電P

2576
金魚と日本人
鈴木克美著

十六世紀初頭、中国からやってきた小さな黄金色の魚が、江戸時代に大ブームを巻き起こす！　日本初の金魚論文や図版などの稀少史料をもとに、なぜ日本人がこれほど金魚好きか考察。「金魚学」の決定版！

電P

2618
日本料理文化史　懐石を中心に
熊倉功夫著

「懐石」と「会席」は何が違うのか。利休の「一汁二菜」「一汁三菜」はなぜ正統となったのか。和の食、その精髄たる懐石料理の誕生から完成、後世への継承の歴史に日本文化のエッセンスを見出す論考。

電P

2644
日本人の原風景　風土と信心とたつきの道
神崎宣武著

山と森林の列島に棲む日本人。その恵みの何を利用し、何を畏れ、人生の節目にどう生かしてきたのか。近世から高度成長期を経て、見失われた日本人の暮らしと人生の豊穣の意味を探る。

電P

《講談社学術文庫　既刊より》